AF479176

Vivere l'architettura contemporanea

Roma

Living in Contemporary Architecture

Vivere l'architettura contemporanea

Roma

Living in Contemporary Architecture

A cura di | Edited by
Luigi Filetici Andrea Giunti

fotografie | photographs   luigi filetici
testi | texts   andrea giunti

introduzione

E' un itinerario attraverso una Roma poco conosciuta. Quella moderna e contemporanea delle nuove periferie borghesi e popolari, delle scuole e delle Università, dei luoghi del lavoro, del commercio e del tempo libero. "Vivere l'Architettura", un viaggio tra inediti scenari romani di architettura ed urbanistica, scritto e filmato tra il 2007 ed il 2010 e trasmesso dall'emittente "Roma Uno". La migliore cultura architettonica professionale ed accademica, operatori, studiosi, giornalisti accompagna la scoperta ragionata di questa Roma poco in vista. Se si accetta la periferia come luogo privilegiato della città moderna, se si è capaci di uscire dai riflettori di esiti architettonici spettacolarizzati, esigenze di una grande committenza pubblica o privata che in Italia si è manifestata con assoluta sporadicità, se si è capaci di soffermarsi sulla miriade di piccoli e medi interventi spesso offuscati dal degrado e dal grigiore di una scadente urbanistica e di una pessima amministrazione, allora si potrà intravedere una qualità architettonica diffusa con un originale iconografia moderna che costituisce il paesaggio urbano riconoscibile di una città moderna. Roma è un laboratorio eccentrico del moderno: belle architetture frutto di virtù professionali e confusa urbanistica figlia di vizi pubblici. Un modello periferico, sicuramente autonomo, esito paradossale di una diffidenza verso le avanguardie dell'internazionalismo, ma capace di farsi contaminare apportando il proprio contributo singolare: il confronto con la città storica, con l'archeologia, con la società, la necessità di legittimazioni etiche ed estetiche. Un contributo fatto di edifici originali soprattutto nel campo residenziale su di un modello tipologico con specifiche peculiarità, che ha fotografato nel divenire della morfologia, i grandi mutamenti sociali della società dal dopoguerra ad oggi. Le palazzine romane sono uno strumento iconico, fatto di luce e di aria, di compenetrazione tra interno ed esterno, di privacy borghese e di necessità di vicinato, per la rappresentazione visibile di uno status sociale crescente. Vi è poi una monumentalità moderna di Roma che ha il suo nucleo più identitario nei migliori edifici dell'Eur e negli edifici pubblici degli anni trenta, ma che si dispiega per tutta la seconda metà del novecento e accelera oggi. Metafisica e futurismo, più che funzionalismo e high tech. Certamente un mix problematico

introduction

It's an itinerary across a less-known Rome. The modern and contemporary city with its new middle and working-class suburbs, the schools and the universities, the work, trade and leisure places. "Vivere l'Architettura", is a journey across unusual Roman architectural and town-planning sets, written and filmed between 2007 and 2010, and broadcasted by the TV station "Roma Uno". The best professional and academic architectural culture, consultants, scholars, journalists, conduct the critical discovery of this less-known Rome. If one accepts suburbs as privileged places of modern cities, if one is able to step out of the spotlights aimed on spectacular architectural works - deriving from the demands of major public or private investors who have made definitely isolated appearances in Italy - if one is able to dwell upon the multitude of medium and small projects often blurred by decay and the dreariness of poor town planning and dreadful management, he will then be able to indistinctly see a widespread architectural quality containing an original modern iconography forming the familiar urban landscape of a modern city. Rome is an odd modern-age lab: fine architectural works born of professional virtues and confused urban planning born of public vices. A marginal yet positively independent model, the paradoxical outcome of a mistrust towards the avant-gardes of internationalism, nevertheless letting itself be contaminated by supplying its own peculiar contribution: coming to terms with the historic city, with archaeology, with society , the need for ethical and aesthetic acceptance. A contribution made of original buildings, chiefly residential ones, based upon a standard pattern with specific peculiarities reflecting, in the evolution of morphology, the vast social changes which have taken place from the post-war years to the present days. Roman small apartment blocks are iconic tools made of light and air, of the mutual exchange between exterior and interior, of bourgeois privacy and need for neighborhood, built to provide a visual representation of a growing social status. There is also a modern monumental aspect of Rome with its most identity-making core in the best buildings of Eur and in the public buildings of the 1930s, but also unfolding along the second half of 1900 and presently accelerating. Metaphysics and Futurism, rather than Functionalism and high-tech. A complicated mix indeed, contaminated by too many

e contaminato di troppe reminiscenze, ma che sfocia in esiti originali. Il Parco della Musica, la Moschea, i ponti di Musmeci e Morandi, il palazzo dello sport dell'Eur e quello del Flaminio, l'atrio della Stazione Termini ed il municipio di Fiumicino, Istituto di Neuropsichiatria a San Lorenzo ed il Centro Idrico a Vigna Murata, la sede della Esso ed il MAXXI, il mausoleo delle Fosse Ardeatine, i complessi parrocchiali a Tor Tre Teste ed al Quartaccio, ed infine i megacomplessi di edilizia economico popolare degli anni settanta Corviale, Laurentino, Vigne Nuove, Tor Sapienza, Vigna Murata. I profondi mutamenti avvenuti nella composizione della domanda abitativa di alloggi a basso costo, soprattutto a partire dalla metà degli anni ottanta, con lo spostamento dei "bisogni tipologici" delle classi meno abbienti verso il modello borghese incarnato dalla palazzina, hanno determinato un fenomeno peculiare, culminato nell'interesse per la "veste architettonica" delle case popolari. L'incidenza dell' "aspetto iconografico" ha contribuito a modificare in profondità anche l'idea stessa dei Piani di Zona, non più monadi nel vuoto urbano, ma cerniere funzionali tra i cittadini. Un nuovo modello di case destinate alle fasce meno abbienti con un' identità architettonica precisa, intrisa di "genius loci". Anche quando non pienamente integrati con il tessuto consolidato, i nuovi Piani di zona hanno costituito una sorta di argine al dilagare dello sprawl edilizio e costituiscono, pur senza essere capolavori, un prezioso archivio di qualità diffusa "dell'architettura dell'ordinario" capace, con una specificità tutta romana, di coniugare dignità urbanistica e identità architettonica. Di fronte alla "sublime inutilità" per dirla con le parole di Manfredo Tafuri di tante forme architettoniche "griffate" sparse per il mondo, un richiamo alla storia, alla città, ai rapporti tra l'architettura e i processi della società, appare utile ed è il modo giusto di inquadrare la nostra ricerca romana. Se è vero che l'inutilità è una categoria congeniale al genere umano, così come scivolosa è la categoria dell'utilità, è tuttavia necessario ispirarsi ancora a Tafuri per richiamare le istanze di una "necessità dell'architettura" nei processi della storia e del sociale quotidiano e contrastare chi affida ogni categoria critica alla sola "meraviglia del primo sguardo".

recollections, yet leading to original results. The Parco della Musica, the Mosque, the bridges by Musmeci and Morandi, the Palazzo dello Sport of Eur and the one at Flaminio, the hall of the Stazione Termini and the Town Hall of Fiumicino, the Institute of Child Neuropsychiatry at San Lorenzo and the Water Tower at Vigna Murata, the Esso premises and the Maxxi, the memorial crypt for the martyrs of the Fosse Ardeatine, the parochial complexes at Tor Tre Teste and Quartaccio, and at last the massive council housing blocks of the Seventies: Corviale, Laurentino, Vigne Nuove, Tor Sapienza, Vigna Murata. The deep changes which have occurred in the elements concurring to the demand for low-cost housing, start mostly from the mid-1980s with the shifting of the "typological needs" of the less affluent classes toward the middle-class model. This consists of the small apartment block and has determined a peculiar phenomenon reaching its peak with the interest for the "architectural appearance" of council housing blocks. The incidence of the "iconographic aspect" has also concurred to deeply modify the very concept of Area Plans, no longer monads (indivisible entities) in the urban void, but functional hubs among the urban fabrics. A new type of house intended for the less affluent classes possessing a definite architectural identity, steeped in the "genius loci". Even if not fully integrated with the well-established fabric, the new Area Plans have somehow stemmed the pervasive building sprawl and formed a valuable library - although with no masterpieces - of widespread quality in "common architecture" capable to combine, in an all-Roman specificity, urban dignity and architectural identity. Against the "sublime pointlessness", in the words of Manfredo Tafuri, of so many "designer" architectural shapes scattered around the World, it seems useful to recall history, the city, the relationship between architecture and the social processes, and it is also the right frame for our Roman research. If it's true that uselessness is an agreeable category for mankind, as much as utility is a slippery one, it is nevertheless necessary to draw once again inspiration from Manfredo Tafuri, who recalls the requests of a "necessity for architecture" in the processes of history and everyday social interaction, opposing anyone who entrusts every critical category to the mere "wonder at first-sight".

1

abitare | inhabiting

abitare l'utopia

"Una nuova umanizzazione della vita urbana è in vista", così Sigfried Giedion introduce negli anni '50 la descrizione dell'Unité d'Habitation di Le Corbusier a Marsiglia nel suo celebre libro "Spazio, tempo ed architettura". Nasce l'utopia della città in un edificio, finalizzata ad aprire l'individuo a molteplici attività collettive in un'architettura vibrante di vita.

Tra il 1972 ed il 1974 Mario Fiorentino guida un folto gruppo di professionisti nella definizione del più sperimentale degli interventi realizzati dall'Istituto Autonomo Case Popolari. Il fabbricato principale, progettato per accogliere 6.000 persone, è lungo 958 metri e si sviluppa per undici livelli di cui nove fuori terra e un "piano libero" con sale di riunione, botteghe e piccoli uffici separa i quattro piani terminali più larghi con alloggi a ballatoio dai quattro piani con alloggi in linea. I volumi delle sale collettive spezzano la linearità del prospetto, insieme citazione cubista ed elementi di utopia socialista. Al piano terra sono ubicati cantine e percorsi di distribuzione, al livello più basso i garages. Setti in cemento armato prefabbricati sono disposti con un passo di sei metri. Cinque sono le unità di gestione con ingressi e scale monumentali, a cui si accede da piazze che nelle intenzioni di Fiorentino dovevano accogliere ciascuna una scultura astratta, memoria di luoghi urbani particolari e riconoscibili. Indicatori visivi costellano con i loro colori, simboli e numeri il sistema di distribuzione di alloggi e servizi in una sorta di "effetto città". Nonostante la luminosità e la spaziosità degli appartamenti gli abitanti non riescono ad identificare Corviale come casa. Disorientanti i tanti corpi scala interni collegati dai ballatoi e forse un po' troppo brutalista la poetica cui rispondono materiali e finiture: cemento armato faccia vista, infissi rossi in acciaio, costolatura a container dei pannelli ciechi di tamponamento, rivestimento in ondolux dei corpi scala... e poi il degrado, l'abbandono, l'estraniazione residenziale ed urbana. Qualcuno sostiene che un edificio così potrebbe funzionare solo se gestito come un condominio di Beverly Hills. Un utopia che potrà mai divenire realtà?

inhabiting utopia

"A new humanization of urban life is due to take place", writes Sigfried Giedion in the 1950s, to introduce his description of the Unité d'Habitation, designed by Le Corbusier in Marseilles, in his famous book "Space, Time and Architecture". The utopia of a city within a building is born to reveal, to individuals, a multitude of communal activities within a type of architecture which is vibrant with life.

Between 1972 and 1974 Mario Fiorentino led a large group of professionals to define the most important experimental project carried out by the "Istituto Autonomo Case Popolari" (Council Housing). The main building, designed to host 6.000 people, is 958 metres long and eleven floors high, nine of which are above ground level. A "free level", with meeting rooms, workshops and small offices, is placed between the wider top four floors consisting of balcony flats and four levels of apartments in rows below. The size of the collective halls breaks the linear pattern of the front elevation, together with a Cubist insertion and elements of Socialist utopia. A storage basement and connection passages are located at ground level, whilst garages make up the lowest level. Prefabricated concrete walls are laid out crosswise at six meter intervals. There are five management units, with colossal halls and stairs, accessed by squares where Fiorentino intended to set an abstract sculpture as reminder of specific and recognizable urban places. Visual pointers are scattered along the connection system of apartments and service areas, creating a type of "city effect" with colours, numbers and symbols. In spite of the brightness and spaciousness of the flats, the residents cannot identify Corviale as their home. The many internal staircases linked by balconies are confusing and the logic behind materials and finishes is perhaps a little too brutal: exposed reinforced-concrete walls, red-lacquered steel fixtures, blind cladding panels ribbed like shipping containers, staircases covered in corrugated glass-reinforced polyester panels... and then decay, neglect, residential and urban alienation. Some claim that such a building could work only if managed as a Beverly Hills condominium. Will this utopia ever become a reality?

abitare popolare

Su una collina tra la via Prenestina e la via Collatina, nel quadrante orientale della città, prende vita tra il 1975 e il 1979, in seno al Piano di zona di Tor Sapienza, il progetto dell'Istituto Autonomo Case Popolari di una grande piazza pedonale circondata sui quattro lati da edifici residenziali che doveva accogliere al suo interno attrezzature collettive, centro commerciale, spazi verdi e futura stazione della metropolitana. I fabbricati sono uguali a due a due, formati da corpi di diversa lunghezza sfalsati per articolare maggiormente la piazza centrale. Sono costituiti da sette piani di abitazioni su un primo livello porticato ed un seminterrato per i parcheggi. Con i loro 504 alloggi s'intendeva dare accoglienza a 2.700 abitanti, circa la metà di quelli che, in base agli studi condotti fin dal 1954 presso l'Ufficio del Piano Regolatore dall'architetto Alberto Gatti, doveva accogliere il modulo integrato per un ordinato sviluppo anche di altre parti della periferia romana. Ed è quindi una ricerca architettonica tesa ad una riduzione a fattor comune: nell'alternarsi di due profondità diverse per i quattro differenti tipi di alloggi, nelle finestre a nastro, nelle regolari campate strutturali intervallate a gruppi di quattro da corpi scala larghi esattamente la metà. A rompere la serialità svettano a nord-ovest e a sud-est scale esterne dalla forte connotazione plastica. E a ravvivare il grigio del cemento a vista brillano il rosso, l'azzurro e il verde di cui sono verniciati gli infissi in acciaio. Il Piano di Zona di Tor Sapienza si ascrive a quegli insediamenti che negli anni '70 venivano affiancati alle disgregate periferie spontanee per contribuire al loro risanamento. La dotazione sovradimensionata di verde e servizi, possibile grazie alla Legge 167 del '62 per l'edilizia economica e popolare su aree espropriate, alimentava la speranza di una successiva integrazione sociale tra vecchio e nuovo tessuto edilizio. Ma l'architettura rimane come a Corviale estranea al contesto sociale, segnata da una mancato riconoscimento degli edifici come casa da parte degli stessi abitanti.

inhabiting
council housing

On a hill between Via Prenestina and Via Collatina, in the Eastern quarter of the city, a project developed by the Public Housing Council within the Tor Sapienza Planning Area came to life between 1975 and 1979. It consists of a large pedestrian square, which was to hold community facilities, a shopping centre, green areas and a future Metro station, surrounded on its four sides by residential buildings. The buildings are identical in pairs. Their differing lengths are staggered to add vitality and break down the central square. They are made up of seven floors of apartments, above a ground-level portico and a basement car park. The 504 dwellings obtained were meant to house 2700 residents, roughly half of those who, according to the research carried out in 1954 by architect Alberto Gatti at the Town Planning Office, were to be housed within the integrated module for orderly growth of other Roman suburban districts. The underlying architectural research is therefore directed towards reducing to a common denominator: alternating two different depths for the four types of dwellings, adopting ribbon windows and a constant structural distance of one staircase every four bays measuring exactly half their depth.

The repetitive nature is broken by external staircases towering at the North-West and South-East with a strong plastic connotation. The gleaming red, pale blue and green finish of the steel fixtures enlivens the grey exposed concrete areas. The Area Plan of Tor Sapienza is attributed to the neighbourhoods which were built in the Seventies next to the disintegrating suburban slums in order to contribute to their reclamation. The oversized provision of green areas and service facilities, provided by Law 167, dated 1962, for building council housing on expropriated land, fostered hope for a subsequent social integration between the old and new building fabric. Even so, as at Corviale, architecture is estranged from the social context, the residents fail to identify the buildings as their homes.

cooperative

Nell'ordinato quartiere edificato all'interno del Piano di zona Pisana Vignaccia nella periferia ovest ci sorprende questo edificio compatto, con chiaroscuri ottenuti per sottrazioni rispetto ad un parallelepipedo virtuale. L'inserzione vetrata del corpo scala nel paramento in mattoni fa risaltare la torsione delle pareti dei saloncini all'interno dei balconi. Il lucernario, durante l'inverno, regala alle pareti degli appartamenti adiacenti il guadagno termico ottenuto dall'effetto serra, imprigionando l'energia solare che da luce a calore, ha mutato lunghezza d'onda. In estate vengono manualmente aperte le feritoie regolabili alla base ed al vertice della piramide per lasciar entrare il vento. La punta della piramide si perde oltre il cornicione aggettante la struttura, nella quale, citazione di Giuseppe Terragni, si spoglia la scatola muraria. L'ecosostenibilità è l'aspetto peculiare di questa inedita architettura, da cui scaturisce la forma dinamica e riconoscibile del palazzo.

Sempre nella periferia occidentale, a Massimina, ci soffermiamo su quella che gli abitanti indicano come la "nave" per le sue forme evocatrici. L'orientamento e la necessità di offrire ai pannelli solari termici la migliore esposizione sono divenuti in questa palazzina occasioni di progettazione, stimolo per realizzare morfologie. La maglia dei balconi è ruotata, facendo emergere dall'involucro murario le strutture portanti che sorreggono i pannelli solari del tetto. Il bianco spento del cemento armato faccia vista affonda così nel rosso vivo del mattone da cortina, valorizzato nella sua vocazione biocompatibile a mezzo di pareti ventilate più spesse del consueto per limitare le escursioni termiche.

Ma il linguaggio delle forme non si plasma solo inseguendo il sole. Altre funzioni divengono lineamenti ben riconoscibili nell'edificio: così finestre ad oblò, quadrate o allungate con parapetto consentono già dall'esterno d'individuare con nettezza bagni, camere e cucine. Una "espressività della forma" legata a contenuti concreti che recupera la complessità del progetto architettonico, nella migliore tradizione della palazzina borghese, anche in un contesto di edilizia popolare.

cooperative

In the orderly neighbourhood, built within the Area Plan of PisanaVignaccia, on the Western outskirts of town, this compact building surprises us because of the light and shade effects obtained by carrying out subtractions from its virtual rectangular box. The placing of a glazed staircase in the brick facing makes the twisted living room walls stand out from within the balconies. In winter, the skylight provides heat, by a greenhouse effect, to the adjacent apartment walls, by capturing the solar energy which - by transforming light into heat - has changed its wavelength. In summer, the adjustable window openings at the base and top of the pyramid are manually opened to let the air in. The tip of the pyramid is lost on the other side of the protruding cornice of the building into which, in the words of Giuseppe Terragni, the enveloping wall divests itself. Environmental sustainability is the distinctive aspect of this uncommon type of architecture and it generates the dynamic and recognizable shape of the building.

Also in the Western outskirts, at Massimina, we pause to consider what the residents refer to as "the ship" due to its suggestive shape. In this building the orientation, and the need to expose the thermal solar panels in the best possible way, have been turned into design opportunities; a stimulus to the creation of morphologies. The grid within the balconies is rotated, and this causes the structures which bear the weight of the solar panels to protrude from the surrounding walls. The off-white colour of the exposed reinforced concrete thus penetrates the bright red of the facing bricks. The bio-compatible nature of these is enhanced by thicker-than-usual ventilated walls intended to control thermal variation.

Nevertheless the language of shapes is not formed merely by pursuing the sun. More functions become easy-to-recognize features in the building. In this manner porthole-shaped, square or elongated windows with sills allow us, from outside, to easily identify bathrooms, rooms and kitchens. We have an "expressiveness of shape" tied to tangible contents which reclaims the "complexity of architectural design", based on the best tradition of the middle-class small apartment building, also in the context of council housing.

prato smeraldo

Nel 1972 viene approvato il planivolumetrico redatto dall'architetto Gianfranco Moneta per il Piano di Zona Vigna Murata. Nella realizzazione del Piano, che prevede la costruzione di case per 16800 abitanti, sono protagonisti principalmente due grandi Consorzi di Cooperative. Uno affida la progettazione architettonica a diversi architetti tra i quali spicca Bruno Monardo, con le sue tipologie a palazzina assai accurate, d'ispirazione borghese, vario nelle soluzioni ma non dispersivo grazie alla uniformità dei principali dettagli costruttivi. L'altro incarica Gianfranco Moneta per la definizione di Prato Smeraldo. Rispettoso è subito il confronto col paesaggio che si presenta come un colle dal rilevato poco pronunciato. La topografia del terreno viene accentuata con l'edificazione di una sorta di cinta bastionata a gradonate, interrotte dalle irregolarità del declivio. Nel primo cerchio ne è inscritto un secondo, su cui è collocato il doppio andamento della "rue corridor", dorsale del quartiere. Al centro la piazza che, come nel quadro "Luogo colpito" di Paul Klee, viene sospinta da una freccia immaginaria al di fuori della collocazione assiale per generare spazi più dinamici. Del rapporto tra vita e architettura voleva esser simbolo lo spazio d'acqua centrale, non realizzato per mancanza di fondi, come i ponti di collegamento radiali con le gradonate. Ma il progetto non ne risente richiamandosi con le sue strette e drammatiche vie d'accesso a Piazza del Campo di Siena. Si è avvolti dalla concavità della piazza, contrapposta alla convessità con cui la cinta bastionata si chiude alla città. La radialità tiene ben organizzato il complesso e i vari episodi architettonici scanditi dai setti che definiscono i moduli incernierati dai corpi scala, protagonisti anche in testata con le torri di vetro, citazione di Gropius.

emerald meadow

Architect Gianfranco Moneta's three-dimensional design for the Area Plan of Vigna Murata was approved in 1972. The building project of houses for 16800 residents was mainly managed by two large Associations of Cooperative Housing Societies. One of these assigned the planning to a number of architects amongst whom Bruno Monardo stands out for his building style, consisting of very accurately defined, middle-class small apartment buildings, varied in their resolutions, yet not dispersive thanks to the uniformity of the main construction details. The other appointed Gianfranco Moneta to design Prato Smeraldo. The approach to the landscape, a gentle hill, seems to be respectful from the start. The site's topography is enhanced by the erection of a stepped boundary wall with ramparts which is interrupted by the unevenness of the slope. A second circle is inscribed into an outer one, and the double track of the "rue corridor"- the backbone of the neighbourhood - is set on it. In the centre is the square which, like the painting "Stricken Place" by Paul Klee, is driven out of the axial position by an imaginary arrow in order to generate more dynamic spaces. The central pond, which was designed with the intent of symbolizing the relationship between life and architecture, was never built due to lack of funds, nor were the radial bridges connecting the flights of wide steps. Yet the design does not suffer from these omissions and it reminds us, with its narrow and dramatic roads, of the access to Piazza del Campo in Siena. One is encircled by the hollowness of the square, whilst the convexity of the boundary wall closes the city out. The radial layout maintains orderliness to the complex, and the various architectural episodes marked by the structural walls which define the modules, with the staircases acting as hinges - like glass towers - standing out, at the head; a quote from Gropius.

palazzine borghesi

Nelle due palazzine di Via del Circo Massimo di Vincenzo Monaco ed Amedeo Luccichenti, osserviamo il riuscito connubio tra qualità formale e funzionalità. Costruite nel 1953, sono caratterizzate da una immagine "elitaria" dei prospetti, diversi tra loro: la parte centrale piena, i vuoti delle logge, le tamponature laterali e la pensilina dell'attico insieme a determinare un'articolata profondità. Scansione ritmica di pieni e vuoti che trova nei due fronti variazioni sul tema. L'ortogonalità è protagonista nell'edificio d'angolo che espone in vista un'orditura verticale ed orizzontale, enfatizzata da un coronamento a tetto assai arretrato rispetto allo sbalzo dell'ultima terrazza. Larghi marcapiani e finestre a nastro definiscono invece la decisa orizzontalità del secondo edificio, movimentata dal profilo triangolare della copertura a volte autoportanti. Grandi finestrature dominano in facciata contrappunto della compattezza dei fronti laterali.

I grandi infissi vetrati consentono una sorta di permeabilità tra interno ed esterno permettendo di godere della vista delle domus imperiali sul colle Palatino. Un'estetica ricercata che diviene una vera e propria dichiarazione di status sociale.

Una "dichiarazione d'intenti sociale" che promana anche dalla palazzina di Cesare Pascoletti, in Viale Umberto Tupini all'EUR ai piedi della cordonata monumentale che porta alla chiesa dei Ss. Pietro e Paolo. L'architettura racconta la possibilità di declinare la propria dimensione sociale attraverso una visibilità dell'abitare, tra interno ed esterno, in una sorta di Roma della "Dolce Vita". Costruita nel 1961 è costituita da tre alloggi sovrapposti con degli uffici a piano terra. Fulcro dell'edificio sono le due "logge racchiuse" a filo delle fasce orizzontali, che s'ispessiscono sopra di esse. Da qui si dipana un dinamico equilibrio per "balance" d'ascendenza razionalista. Il maggior peso della composizione verso destra è bilanciato dal maggior aggetto verso sinistra delle due terrazze intermedie. Un attento studio degli accostamenti cromatici si ravvisa nella scelta dei materiali costruttivi: mattoni, dogato di pitch pine lucidato e tesserine di grès ceramico color avorio. In pitch pine sono anche gli infissi esterni a doppia intelaiatura accoppiata e con doppio vetro, all'interno del quale sono montate tende alla veneziana. Il tutto all'insegna della massima cura dei dettagli, tipica di queste architetture destinate alla media o alta borghesia.

middle-class buildings

In the two small apartment buildings at Via del Circo Massimo, designed by Vincenzo Monaco and Amedeo Luccichenti, we are able to observe the successful union between formal quality and functionality. Built in 1953, they are distinguished by the "elitist" image of their front elevations, which differ from each other. The solid central part, the balcony spaces, the infill of the sides and the penthouse awning, together determine a coherent depth. The rhythmical sequence of full and empty spaces finds variations on a theme on the two fronts. Orthogonality plays a leading role in the corner building which displays a horizontal and vertical texture, emphasized by a pitched roof, set well at the back of the top terrace overhang. The other building's firm horizontality, defined by the wide string-courses and ribbon windows, is enlivened by the triangular outline of the roof, with self-supporting vaults. Large windows play a dominant role in the front elevation, a counterpoint to the solidity of the side walls.

The large glazed fixtures offer a type of permeability between interior and exterior, enabling enjoyment of the view of the Imperial Palaces on the Palatine Hill. The sophisticated aesthetics become a true statement of social status.

A "statement of social intentions" also emanates from the small building, designed by Cesare Pascoletti, located on Viale Umberto Tupini in the EUR district, at the foot of the monumental graded ramp leading to the church of the Saint Peter and Paul. Its architecture tells of the possibility of describing social dimension through a view of home life, indoors and outdoors, in the atmosphere and history of Rome in its "Dolce Vita" years. Built in 1961, it consists of three apartments, one above the other, with offices on the ground floor. The two "enclosed balconies" form the fulcrum of the building, and these are aligned with horizontal bands, which grow thicker above them. From here a dynamic equilibrium, based on a rationalist-influenced "balance" is unravelled. The greater weight of the design on the right is balanced on the left by the greater overhang of the two middle terraces. Careful colour matching research can be recognized in the choice of the building materials: bricks, glossy pitch pine staving and tiny ivory-coloured ceramic stoneware tiles. The exterior coupled double frame fixtures, with venetian blinds between the twin glass panels, are also built in pitch pine. Everything is characterized by the utmost care for detail, a typical aspect of this type of architecture for the middle and upper-middle class

case a prati

Le palazzine di via Ciro Menotti, di Lungotevere delle Armi e di Via Montanelli sono significative di un filone dell'architettura romana. Coniugano tradizione plastica, seduzioni di forme ricercate e materiali moderni. Tre edifici eccentrici, ognuno con la sua peculiarità, che ispirandosi ad un'idea di spettacolarizzazione anticipa tendenze architettoniche oggi in voga. La ricerca polarizzata sull'espressività aggiunge qualcosa di atipico nel panorama romano dominato dall'atteggiamento storicistico e dalla centralità della nozione di tipologia edilizia come garanzia di rigore disciplinare. Dall'enfasi futurista delle testate rotonde dell'edificio di via Montanelli, alla plastica modellazione dell'involucro in cemento della palazzina del Lungotevere delle Armi, fino alle citazioni high-tech della palazzina di via Ciro Menotti. Ciò che risalta è la ricchezza figurativa, ed il potenziale espressivo misurato con la categoria dello spettacolare. Oggi prevalente nella percezione popolare anche in architettura per l'invadenza mediatica del cosiddetto "archistar system", ma sconosciuto all'epoca della progettazione di questi edifici (siamo negli anni sessanta). La critica architettonica italiana ha spesso rimosso deliberatamente le esperienze delle ricerche più eterodosse e meno legate ad un percorso di relazioni con tessuti e tipologie storiche. Si tratta di una miopia che ha impedito di vedere, come a Roma, ben prima che esplodesse il cosiddetto "effetto Bilbao", si andasse formando nel campo della residenza, accanto al razionalismo, una tendenza alla spettacolarizzazione affidata ad un iperbolica ma non per questo meno seria, ricerca formale.
La possibile enfasi, è mitigata dalla modesta dimensione degli oggetti, e il rigore torna nell'accurata selezione dei materiali che ci riportano in uno scenario tipicamente italiano. Il linguaggio spettacolare, prodigo di rimandi alla tradizione plastica romana, che ha il suo padre nobile nella palazzina "Il Girasole" di viale Bruno Buozzi di Luigi Moretti.

homes in prati

The small apartment buildings at Via Ciro Menotti, Lungotevere delle Armi and Via Montanelli are significant examples of a trend in Roman architecture. They combine a plastic tradition with the seduction of refined shapes and modern materials. Three bizarre buildings, each peculiar in its own way, divulge a current trend by drawing inspiration from turning architecture into a show. The research, based on expressiveness, adds a non-conventional element to the Roman townscape, ruled by a historicist attitude and the notion of a style of building as a guarantee of disciplinary strictness. From the futuristic emphasis of the round head pieces of the building on Via Montanelli, to the plastic shaping of the concrete envelope of the building on Lungotevere delle Armi, to the high-tech insertions of the building on Via Ciro Menotti. What stands out is figurative wealth and the potential expressiveness gauged against spectacularity. This is a concept which prevails, also in architecture, in current popular perception due to the mass-media intrusiveness of the so-called "archistar system" which was unheard of when these buildings were designed (the Sixties). Italian architectural criticism has often intentionally removed the results of research which were most unorthodox and less tied to historical types and fabrics. This short-sighted attitude has prevented us from seeing how, in Rome, long before the explosion of the so-called "Bilbao effect", a trend towards spectacle in residential architecture was growing alongside rationalism (committed to hyperbolic, but serious, formal research).

The possible emphasis is relieved by the lesser size of the objects, and rigour is recovered in the accurate selection of materials which bring us back to a typical Italian scenario: The spectacular repertoire, lavish with references to the plastic tradition of Rome, with its forefather, "Il Girasole", the building on Viale Bruno Buozzi, designed by Luigi Moretti.

case romane

C'è in genere un'attiva ostilità che satura l'atmosfera di chi prova ad opporsi al pensiero unico di provenienza anglosassone, in particolare nel campo dell'architettura, dove la parola contemporaneità è declinata quasi esclusivamente in inglese. C'è chi individua una via Italiana dalle robuste radici, ma in semiclandestinità. E allora si avverte una certa ebbrezza quando nello sterminato tessuto costruito di una periferia si riporta alla luce qualche sconosciuto bell'esempio di architettura moderna non guastata da una qualche riverenza "al politicamente corretto" del momento. Ci si può riscaldare ammirandone l'originalità di forme ante litteram, l'assemblaggio preveggente di materiali oggi in gran voga, e forse si dimentica la prudenza nell'esaltarne le qualità. Ma c'è creatività diffusa nella nostra architettura dell'ordinario, in particolare nel campo residenziale, tanta quanta la sciatteria nella gestione delle nostre città, il disordine e l'incuria.

Rivalutiamo allora le palazzine di Lungotevere Pietrapapa: l'una dall'articolata planimetria poliedrica, l'altra più classicamente stereometrica, entrambe dalla nitida elencazione formale delle parti scandite in facciata con precisione e la chiarezza dei materiali utilizzati. Oppure l'edificio residenziale di viale Oceano Pacifico, che affida alla partitura degli elementi di sostegno in metallo e delle griglie Keller che fungono da parapetti delle balconature , la scansione dei chiaroscuri e la ricucitura a fattor comune geometrico dell'involucro edilizio. Anticipazione di tante ibride architetture neorazionaliste di mattoni e metallo in voga in Olanda e nei paesi nordici. Il radicalismo estetico di queste architetture all'epoca della costruzione, oggi appare normalizzato nel fenomeno di massa del "gesto architettonico". Ma in questi edifici "ante litteram" la "forma attraente" non trae origine dalla famelica necessità di stupire, piuttosto dal ritmo obbligato delle funzioni abitative. Avanzamenti e arretramenti, paratie che isolano e ricollegano, svelando in chiaroscuro la composizione del blocco che di notte nella penombra creata dalla barriera degli alberi sulla via crea un inedito effetto scenografico.

homes in rome

An active hostility saturates the atmosphere for those who try to oppose the Anglo-Saxon architectural ideology, where the word contemporariness is almost exclusively used in English. Some, although in half secrecy, choose a strongly rooted Italian method. Thus a certain thrill is felt whenever, in the endless built environment of a suburb, a good specimen of modern architecture, unmarred by reverence towards current "political correctness", is unearthed. One may be excited when admiring the original quality of shapes, ahead of their time, the provident combination of materials which are currently highly fashionable, and perhaps one neglects to use caution when praising their value. Yet there is a widespread creativity in our regular architecture, particularly within the residential field, as much as there is carelessness, negligence and disorder in the management of our cities. Let us then reconsider the buildings of Lungotevere Pietrapapa: the former has a complex polyhedral layout, the latter is more stereometrical; both display a neat formal catalogue of parts which are precisely articulated on the front facade and a clarity of materials employed. On the other hand, the residential building on Viale Oceano Pacifico, which commits to the rhythm of the metal supporting elements and the flat wire gratings serving as balcony railings, the sequence of lights and shadows, and to reducing the building envelope to a geometric common factor. This is the forerunner of several hybrid new-rationalist brick and steel types of architecture which was fashionable in Holland and the Northern Countries. The aesthetic radicalism of this type of architecture, at the time of its construction, appears normal today due to the mass phenomenon known as the "architectural gesture". And yet the "attractive shape" of these precursory buildings does not draw its origin from a ravenous need to amaze, rather from the compulsory rhythm of living functions. Staggered walls, bulkheads which isolate and reconnect, reveal the essence of the block which by night, in the semi-darkness created by the barrier of roadside trees, creates a fresh scenic effect.

futurismo sotto i pini

Un precoce rudere emerge tra le fronde della Pineta di Fregene. All'incrocio tra Via Porto Azzurro e Via Marina di Campo, Giuseppe Perugini progettò e realizzò tra il 1968 e il 1971 l'edificio conosciuto come la "casa-albero". Ruggero Lenci vi legge un richiamo al dinamismo futurista col suo sforzo di armonizzare con libertà e audacia l'ambiente con l'uomo, con la sua aspirazione al movimento e alla transitorietà, con la sua immagine elastica e leggera. Sono tutti caratteri della poetica architettonica di Perugini che in cinquant'anni di carriera non ha mai smesso di alimentare il suo spirito di pioniere, che l'aveva condotto giovanissimo dall'Argentina all'Italia per confrontarsi con le opere dei Maestri del passato.

Un dialogo con la storia, con le arti, ma anche con le tendenze culturali scientifiche e tecnologiche più avanzate è possibile scorgere nella casa sperimentale a Fregene. Un ethos sperimentale, alla ricerca di nuove possibilità compositive, di una libertà creativa libera da vincoli estetici e tipologici.

La forma incontra la funzione in un linguaggio razionalista con pulsioni futuriste, assorbito durante gli anni della sua formazione attraverso la frequentazione dei Maestri del Movimento Moderno degli anni '30, primi tra tutti Libera e De Renzi. Qui come altrove utilizza principalmente volumi e materiali puri, quali il cemento armato e il vetro, in una consapevole rinuncia a materiali e forme tradizionali, interpretando lo spazio sotto l'egida della geometria. Il suo originario razionalismo lo conduce per astrazioni sempre più avanzate fino alla trasformazione in "simbolo" di ognuno dei suoi spunti progettuali. E questa casa, in una sorta di non finito michelangiolesco, con i pilastri che si protendono nudi verso il cielo, pare proprio manifestare un desiderio di libertà e di plasmabilità fuori da ogni condizionamento.

futurism under the pines

Premature ruins surface amongst the Pinewood foliage of Fregene. Between 1968 and 1971 Giuseppe Perugini designed and oversaw the construction of a villa known as the "tree-house", located at the junction between Via Porto Azzurro and Via Marina di Campo. Ruggiero Lenci interprets a reference to Futurist dynamism through its effort to freely and daringly harmonize man and the environment, with its yearning for movement and transience, its light and flexible image. All these features belong to the architectural poetry of Perugini who has never ceased, in the fifty years of his professional career, to foster his pioneering spirit which drove him, as a very young man, from Argentina to Italy to come to terms with the works of the Masters of the past.

The experimental house at Fregene allows us to perceive a dialogue with history, with the arts, but also with the most advanced technological, scientific and cultural trends. An ethos which is experimental, seeking new possibilities for composition, for creativity with freedom from aesthetic and typological restraints.

Form meets function in a Rationalist code with a Futurist drive, absorbed by the author during his professional training years and the association with the Masters of the Modern Movement of the Thirties, above all those of Libera and De Renzi. Here, as elsewhere, he mainly uses pure volumes and materials, such as reinforced concrete and glass. He is aware of relinquishing traditional shapes and materials, interpreting space under the aegis of geometry. His former Rationalism leads him to transform each of his design proposals into a "symbol" by means of increasingly advanced concepts. And this house seems to express a wish for unconditional freedom and pliability through its naked pillars outstretched to the sky in a sort of unfinished work by Michelangelo.

felicità dell'abitare

Due edifici paralleli degradano da via Copenaghen all'Eur, adattandosi al profilo della collina su cui poggiano. Morbide balconate ad onde sinuose in graniglia di cemento e marmo chiaro sormontate da più schematiche balconature definite da griglie metalliche e pergolati di abete lamellare. Uscendo dalla stazione Quattro Venti della ferrovia metropolitana ci s'imbatte nel forte impatto di una facciata che rimanda alla memoria i capolavori residenziali di via del Circo Massimo di Monaco e Luccichenti. La nettezza dell'orditura orizzontale e verticale enfatizza il chiaroscuro dei vuoti in testata e dei pieni nei prospetti laterali. Ed è un vuoto al centro della testata ad attrarre lo sguardo sull'edificio d'angolo tra via Muggia e la circonvallazione Clodia. Potente lo scatto del volume che protende in avanti il fronte balconato, a smorzare la compattezza della parete laterale a cortina interrotta da finestre e parapetti sottili intonacati, quasi arazzi stesi ad asciugare. E poi salendo verso Monte Mario dall'Olimpica non sfugge l'ardito sbalzo sospeso della balconata all'incrocio con via Trionfale. L'edificio sembra pronto a spiccare il volo, per atterrare all'Eur in via Durban dove un complesso articolato di logge a pareti piene bucate da finestre decise marcate da cornici di cemento ci rimanda a Terragni, con la struttura delle scale che luminosa emerge dalle murature rivestite, come gli aerei corpi scala illuminati di notte come torri di guardia sulla campagna romana del complesso di abitazioni popolari di Prato Smeraldo, che come il nome, segnala un'attitudine ad una possibile "felicità dell'abitare".

living in happiness

Two paral- lel buildings slope down from Via Copenhagen, in the EUR neighbourhood, adapting to the profile of the hill which they rest upon. Balconies built in cast stone and pale marble, flowing in winding waves, are set below the more linear balconies which are marked by metal railings and laminated pine pergolas. On exiting from the Quattro Venti Metro Station, one comes up against the heavy impact of a facade which brings to mind the residential masterpieces designed by Monaco and Luccichenti at Via del Circo Massimo. The neat horizontal and vertical grid emphasizes the light and shadow effect generated by the voids in the building's head and the solid parts in the side walls. On the corner building between Via Muggia and the Circonvallazione Clodia a gap in the middle of the end wall is what attracts the eye. The portion with the balconies appears to jut forward in a mighty burst, appeasing the solid aspect of the brick-faced side wall, broken by windows and plastered thin parapets, resembling tapestries hung out to dry. Then, driving up Via Olimpica towards Monte Mario, the daring overhang of the suspended balcony at the junction with Via Trionfale does not pass unnoticed. The building appears to be about to take off and land at Via Durban in the EUR district, where an intricate complex of solid-wall balconies, pierced by resolute windows framed in cement, refers us to Terragni, with its shining framework of the stairs which emerges from the clad walls. It is similar to the airy staircases of the council housing complex which are lit by night, like towers guarding over the Roman countryside, and is called Prato Smeraldo, a name suggesting the attitude for a possible "living in happiness".

PATTI CHIA
per le perife

SENSO UNICO

MUNITA' CRISTIANA
PENTECOSTALE
COMUNE DI ROMA · MUNICIPIO VII
TRO CULTURALE
'G. MORANDI"
IN FONDO A SINISTRA

DOMENICA 17 APRILE ORE 10
TEATRO ANFITRIONE AVENTINO
CAPONETTI · MALCOTTI · ROCCA
CAROSI - COLICA
CASTELLINO
ALEMANNO
Movimento per Roma Capitale
DESTRA SOCIALE In Azione

AMBULATORIO MEDICO
CONVENZIONI MUTUE
STUDIO
MEDICO
DENTISTICO
LUNGOTEVERE
PIETRA PAPA

EURODOMUS
Vende
appartamenti
e boxes
800 88 00 22
bonn
via copenaghen

AUDIN
ALTA TECNOLOGIA
PER L'UDITO
VIA CIPRO, 8
tel.06.62283288
UniCredit Banca
UniCredit Banca

Leggero. Digeribile.
E in più, fresco.
Nasce Digemilk, latte fresco pastorizzato
parzialmente scremato ad Alta Digeribilità.
È un prodotto Latte Sano,
l'unico latte fresco romano al 100%
fresco
DigeMilk
Prodotto
Dietetico
FATTORIA
LATTE
SANO
ROMA
UniCredit Banca
UniCredit Banca

HARDWARE
PROGRAMMI GESTIONALI
INTERNET-GIOCHI
ACCESSORI PC
BUFFETTI
115
HAIR STYLIST
FRANCESCO
CHe Privat
INVESTIGAZIONI
POLIZIA DI STATO
CENTRO REVISIONI
AUTO-MOTO
OFFICINA AUTORIZZATA
ZINGARETTI
3 ANNI
DI
NULLA

2

periferie | suburbs

sul raccordo | on the ring road
europarco | europarco
multisala | multiplex
tor bella monaca | tor bella monaca
torri | towers
periferia profonda | deep suburbia
outlet | outlet
liceo in periferia | a suburban school
landmark e fede | landmarks and faith

sul raccordo

C'è una tendenza a formulare il giudizio sull'architettura romana contemporanea affidandosi ad una sorta di contrapposizione degli opposti: esaltazione apodittica di un'automatica qualità che proviene dalla storia, denigrazione provinciale di ogni esperienza moderna nell'immancabile confronto con l'estero. Si può sfuggire a questa dialettica tra orgoglio e pregiudizio, focalizzando l'attenzione critica nel campo della architettura del quotidiano, esplorando l'immensa periferia di Roma alla ricerca di una possibile dimensione estetica diffusa.

"Se non si accetta la periferia è difficile praticare "il moderno", tanto meno abitarlo. A meno che non si aspiri a nascondersi in qualche museo o centro congressi, che sembrano essere le sole aperture all'architettura contemporanea consentite nella città storica. E allora forse è il caso di ricominciare a fare i conti con il patrimonio edilizio contemporaneo, con le case a basso costo, con la qualità diffusa". Antonella Greco sintetizza la chiave per comprendere l'architettura romana di oggi. Conoscere, comprendere, accettare la periferia come luogo privilegiato del contemporaneo. Le residenze nel quartiere Tor Pagnotta, profonda periferia sud, di Renato Partenope, Giuntiarchitetture, Marcello Pazzaglini, Francesco Coccia, attestano la riscrittura in chiave di edilizia popolare del modello della palazzina borghese. Tema storico del moderno romano. Ognuno di questi edifici si propone come una sorta di saggio architettonico contemporaneo.Scomposizione della volumetria sull'elenco delle funzioni abitative. Purismo della forma in autonomia dal contesto. Sottolineatura morfologica delle diversità tipologiche nella ricerca di un nuovo modello domestico. Enfasi del genius loci in versione postmodernista. Tutto questo c'è (spesso misconosciuto) nei Piani di zona. Pianificazione leggera contrapposta al disordine urbano nella prospettiva di una ricomposizione sociale accorciata verso l'alto.

on the ring road

There is a tendency to judge contemporary Roman architecture by using a contrast of opposites: indisputable praise of an automatic quality descending from history, provincial scorn of any modern experience in an inevitable comparison with foreign examples of architecture. This dispute between pride and prejudice may be escaped by allowing criticism to focus on everyday architecture, by exploring the immense Roman outskirts in search of a possible widespread aesthetic quality.

"It is hard to move in modern architecture unless one accepts the suburbs, let alone to live in it, unless one aims at hiding in museums, or congress centres which appear to be the only openings of contemporary architecture permitted in the historical city. It is, therefore, perhaps worth coming to terms with contemporary building patrimony, low cost houses, and widespread quality". Antonella Greco proposes the following brief statement as a key to understand current Roman architecture: To know, to understand, to accept the suburbs as a privileged place of contemporariness In the Tor Pagnotta district, deep in the South suburbs, the residences designed by Renato Partenope, Giuntiarchitetture, Marcello Pazzaglini, and Francesco Coccia, testify that the typical middle class small apartment building has been re-designed in a council housing tone. Historically this is a recurring subject of modern Roman architecture. Each of these buildings is displayed as a type of contemporary architectural essay. The frame is taken apart, following a list of living functions. There is purity to the shape, aside from its context. The study of different types of shapes is highlighted in the research for a new household product. The emphasis is on the genius loci in a post-modern version. All of this is included (although often ignored) in the Area Plans. Superficial planning contrasting with urban disorder with the prospect of shortening the social scale from below.

europarco

Lo skyline ormai storico dell'Eur è destinato a breve ad acquisire una nuova identità con l'emergere, per usare una metafora del Prof. Antonino Terranova, di nuovi "picchi espressivi". Lungo la Via Cristoforo Colombo all'altezza dell'innesto della Pontina in un'area compresa tra Viale Oceano Pacifico e Via di Decima è in corso di completamento l'Europarco. Adiacente al Piano di Zona Casale del Castellaccio, il cui cuore residenziale pulsa intorno ad una piazza pedonale caratterizzata da una fontana con ben diciotto bocche a raso e al declivio dove è previsto che un parco pubblico attrezzato si estenda ai piedi del vecchio Casale che dà il nome alla zona, il disegno dellintervento prevede una serie di colline artificiali coperte da un tessuto erboso che si piegano e si frantumano svelando i prospetti degli edifici, lasciando spazio all'emergere di due torri di oltre cento metri di altezza, poste come traguardi visibili da grande distanza. Ora è il grande centro commerciale a imporsi allo sguardo di chi proviene dalla Cristoforo Colombo, con le sue cupole di vetro di varie dimensioni emergenti dalla copertura inclinata, o lo spettacolare edificio completamente trasparente del Ministero della Salute. Ma in futuro, protagonisti del paesaggio urbano saranno i due grattacieli, in costruzione. Uno per uffici ad opera dello Studio Transit ed uno residenziale, una sorta di torre portale progettato dallo studio Purini-Thermes. Descritto da Giuseppe Strappa sul Corriere della Sera come "nodo nel paesaggio, fondante ed augurale, che ricompone aree marginali irrisolte stabilendo sotterranei legami con l'illustre retorica degli edifici dell'Eur con cui si confronta", il grattacielo avrà in cima ai suoi trenta piani una pista di atterraggio per elicotteri ed una parete inclinata per i pannelli fotovoltaici.

europarco

The skyline of the Eur district, which has now become historical, is shortly destined to acquire a new identity due to the emergence, using Prof. Antonino Terranova's metaphor, of new "expressive peaks". The Europarco is about to be completed: It is located on Via Cristoforo Colombo, at the junction with Via Pontina, in an area between Viale Oceano Pacifico and Via di Decima,. The complex is adjacent to the Area Plan which includes Casale del Castellaccio. Its residential heart throbs around a pedestrian square featuring a fountain with at least eighteen flush spouts and sloping ground where a public park with various facilities is planned. This will meet the base of the old farmhouse that gives its name to the area. The project design consists of a series of artificial hills - covered by a grassy fabric - twisting and breaking up to reveal the buildings' fronts, giving room to the appearance of two towers over a hundred meters high, set as goals visible from a distance. Now the large Shopping Centre catches the eye of those coming from Via Cristoforo Colombo, with its glass domes of different sizes protruding from its slanting roof, and the spectacular Ministry of Health building which is entirely transparent. In the future, however, the two skyscrapers under construction will be the lead players in the future urban landscape. One of them is an office building designed by Studio Transit and the other one is residential, a sort of portal tower designed by studio Purini-Thermes. It has been described by Giuseppe Strappa in Corriere della Sera newspaper as "a knot in the landscape which establishes and is auspicious, creating the reconstruction of marginal and impossible areas by establishing underground links to the renowned Eur buildings opposite ". The skyscraper will be equipped with a helipad on top of its thirty floors and a slanted wall clad with photovoltaic panels.

multisala

A metà strada tra Roma e Fiumicino, sulla Via Portuense è sorta tra il 1998 e il 2005 la multisala UGC Cinè Citè. Cuore di Parco Leonardo, quartiere dalla duplice vocazione commerciale e residenziale, interamente disegnato a tavolino su un'idea di Ricardo Bofill, la Città del Cinema è con le sue ventiquattro sale per oltre 6.000 posti complessivi è oggi una delle più grandi multisale in Europa. Partendo dagli schemi funzionali di organizzazione interna di Alberto Cattani, la progettazione è stata sviluppata da Maurizio Pascucci, Ugo Pulcini e Mario Sebastiano Scano, per tornare in ultimo nelle mani di Cattani intervenuto sulle scenografie d'insieme. Ambizione comune agli architetti era quella di dare una dimensione umana ad un edificio dalle misure imponenti. E si è perseguita la strada d'identificare ciascuno dei luoghi percorsi dallo spettatore rendendoli subito familiari, riconoscibili. Come le sale, sobrie ed asciutte, votate al confort dello spettatore. All'esterno lungo l'autostrada sulla facciata spiccano come gigantesche sculture d'acciaio, le scale di sicurezza, mentre sul lato d'ingresso la superficie intonacata, è spezzata da un cubo in vetro che col suo taglio orizzontale trasparente all'introspezione guida il cinefilo verso l'interno. All'interno la luce enfatizza questo spazio cubico che appare come sospeso, lambito di giorno dalla luce naturale soffusa calamitata da fessure zenitali e di notte da cangianti lampade fluorescenti. La mole del cubo comprime lo spazio d'entrata per poi esploderlo nelle sue dilatate dimensioni, dove intrattenimento si coniuga a socializzazione. Ai lati di questo moderno foyer, per problemi statici legati ad una falda acquifera sotterranea, tutto è simmetrico, dalle scale mobili alle zone ristoro-biglietteria, impreziosite dalle sinuose lampade ideate dallo Studio Heinz-Tribel-Vendel, autore anche degli arredi. Nelle gallerie i coni di proiezione sono evidenziati sulle pareti colorate, dando ritmo agli spazi. "Potente simbolo di espressione cinematografica, la loro forma simboleggia la forza della proiezione che riempie di emozioni il vuoto del telo bianco."

multiplex

Between 1998 and 2005 the multiplex named UGC Cine Citè came to life on Via Portuense, half way between Rome and Fiumicino. This Cinema City, with its 24 halls seating a total of over 6000, entirely designed from a concept by Riccardo Bofill, is currently one of the largest multiplex facilities in Europe. It rises at the heart of Parco Leonardo, a district which is both commercial and residential. Beginning with the interior organisational plans developed by Alberto Cattani, the design was carried out by Maurizio Pascucci, Ugo Pulcini and Mario Sebastiano Scano, with a final touch added by Cattani to the general scenery. The common aim of the architects was to give a human dimension to a huge building. The concept they adopted was to identify each of the places visited by the cinema-goers and make them immediately familiar, recognizable. The theatres for example, are sombre and essential, devoted to the comfort of the audience. On the outer wall facing the motorway, the fire escape stairs stand out like gigantic steel sculptures, whilst on the entrance side, the plastered wall surface is broken by a glass cube with a clear strip offering visibility of the interior guiding viewers inside. Once inside the light emphasizes this cubic space making it appear suspended, bathed in the soft daylight attracted by slits in the ceiling, and by night in colour-changing fluorescents. The frame of the cube reduces the access space but it then explodes into the vast interior, where entertainment marries socialization. At both sides of this modern foyer, due to static problems deriving from an underground water table, everything is symmetrical, from the escalators to the snack bars and ticket counters, embellished by the graceful light fixtures designed by Studio Heinz-Tribel-Vendel, as are all the furnishings. The spotlights stand out on the coloured walls of the hallways, adding rhythm to the area. Their cone shapes are a powerful symbol of cinema, suggesting the power of film projection, filling the void of the white screen with emotions.

tor bella monaca

Mentre l'agro romano iniziava, nel dopoguerra a venir aggredito dall'abusivismo, col Piano Regolatore del 1960 s'individuava in Tor Bella Monaca una nuova zona di espansione, destinata a ceti popolari, realizzando infrastrutture, abitazioni e servizi per 28.000 abitanti. Uno dei maggiori programmi in Italia a così grande scala urbanistica-edilizia. Un'uniformità compositiva permea l'intero intervento, votato all'idea di un funzionalismo scevro da ogni concessione estetica come espressione di egualitarismo sociale. Spina dorsale del quartiere è il serpentone ad otto piani del comparto centrale progettato da Pietro Barucci ispirato dalla filosofia funzionalista della "riqualificazione della quantità". Stessa ispirazione votata ad esprimere lo status di utilità come principale filosofia progettuale si ritrova nella sede circoscrizionale e nel centro ricreativo e commerciale progettati dallo Studio Passarelli. E proprio percorrendo le lunghe passerelle pedonali del municipio, affacciandosi sui due lati, si può apprezzare la ridefinizione dei vuoti urbani operata dall'architetto Stefano Cordeschi con le sue articolate palazzine residenziali. Ispirandosi alla Casa del Girasole di Luigi Moretti, dinamizza il perimetro murario con setti divergenti, pur riconducendo tutto ad una regola geometrica chiara. Queste case tendono a rispecchiare le nuove aspirazioni sociali e culturali, oltre la semplice vetrina delle funzioni abitative. Cambiamenti culturali che si percepiscono anche nelle residenze universitarie in via di ultimazione su Viale dell'Archeologia, in cui la griglia ortogonale è rotta e cadenzata dall'emergenza dei volumi della mensa su un lato e di alcune stanze sull'altro. Al fine di ridare dignità a piazze utilizzate solo come parcheggi e rimediare al naufragio delle aree verdi, in genere ridotte a vuoti incolti, è stato messo in atto un programma di riqualificazione delle aree degradate. Tra le realizzazioni spicca il teatro di Tor Bella Monaca sobria vetrina di metodi, materiali e forme minimaliste. Dall'altro lato della strada la chiesa Santa Maria Madre del Redentore edificata nel 1977 su disegno dell'architetto Pierluigi Spadolini, torreggia sullo sterminato quartiere, con la sua struttura trionfante, bandiera del pluralismo stilistico della nostra epoca.

tor bella monaca

Whilst the countryside around Rome began to be assailed by unauthorized building during the post-war years, in the 1960 Town Planning Scheme a new expansion area was identified at Tor Bella Monica and designated for the working class. Infrastructure, dwellings and service facilities were built there for 28,000 residents. It was one of Italy's largest projects in terms of the scale of town planning and construction. A consistency of the structure pervades the whole project, devoted to the concept of a functionalism which is devoid of any aesthetic recognition, as evidence of social egalitarianism. The winding, eight-storey building in the centre, forms a backbone to the district. It was designed by Piero Barucci who was inspired by the functional philosophical concept of "quantity improvement". The same inspiration, aimed at expressing the status of utility as the main design philosophy, is found in the district offices and in the recreational and trade centre designed by Studio Passarelli. And it is by treading the long walkways of the town hall, looking out from both sides, that one can realise how architect Stefano Cordeschi redefines the urban voids through its well-structured small residential blocks. By drawing inspiration from by Luigi Moretti's Casa del Girasole, he enlivens the building's surrounding walls by inserting diverging sects, at the same time maintaining a clear geometrical pattern. These houses tend to reflect the new social and cultural ambitions, in addition to being a simple window onto home life. Perceptible cultural changes in the university accommodation, in the finishing stages at Viale dell'Archeologia, where the orthogonal grid is broken and given rhythm by the protruding canteen volume on one side and a number of rooms on the other. A regeneration plan for degraded areas has been implemented with the aim to restore dignity to squares used as parking areas, usually degraded into empty plots of wasteland and to remedy to the abandonment of green areas. The Tor Bella Monaca theatre stands out among the achievements as a sober window displaying minimalistic methods, materials and shapes. On the opposite side of the road, the Santa Maria Madre del Redentore church, designed by architect Pierluigi Spadolini and built in 1977, towers above the immense district with its triumphant frame, as a banner of today's stylistic pluralism.

torri

"Come nella costruzione di un intrigo il progetto architettonico si alimenta della memoria, dell'interpretazione di accadimenti e tradizioni, li decostruisce, li rielabora, dà loro nuove congruenze (...)".
Percorrendo il tratto ferroviario tra Roma ed il litorale non può sfuggire la sagoma cilindrica che accomuna l'edificio per studi professionali ai due precedenti interventi di natura residenziale realizzati nell'ambito del Piano di zona di Acilia Saline. C'è un richiamo alla torre di Giulio II all'interno del Castello di Ostia Antica, che s'intravede tra pini e cipressi al di là della via Ostiense. Ma la forma non è neppure estranea ai tanti serbatoi d'acqua sparsi nella campagna romana. Vengono quindi ascoltati e reinterpretati elementi della città consolidata per costruire nuove storie, attorno alle quali definire una nuova identità e riconoscibilità dell'ambiente urbano. E così c'è chi tra gli abitanti del posto vede in questi studi professionali un pistone, chi un'astronave pronta al decollo o anche chi, come la polizia dall'alto dei suoi elicotteri, degli "occhialoni" sopra i quali darsi appuntamento. Ma al di là del significato totemico dell'edificio vi è un legame intrinseco tra la sua forma e la sua funzione. E' possibile leggerlo nel coronamento che prende forza dall'assenza di aperture. Ed una trasparente lettura delle funzioni interne è leggibile nei tre bow window che identificano ambienti eccentrici. Fuoriuscendo uno per piano dal cilindro superiore ne rompono l'assialità potenziando il dinamismo ed articolando al contempo la cubatura non fruita ai primi due piani per scavarvi un percorso coperto. Per ampliarlo ulteriormente i pilastri divergono obliqui dal volume superiore in aggetto. Benchè infatti non accolga negozi, potendo ospitare lo studio di un medico, di un commercialista, di un ragioniere o di un avvocato, l'edificio è destinato comunque alla fruizione di un pubblico, a cui si è voluta garantire l'agibilità nei percorsi interni adiacenti al fabbricato.

towers

"Like the act of plotting an intrigue, architectural design is fed by memory, the interpretation of events and traditions; it deconstructs and reworks them, assigns new consistency (...)".

On the train ride from Rome to the coastline, one cannot fail to miss the cylindrical outline which associates the building containing business offices to the two previous residential projects, built within the Area Plan of Acilia Saline. It reminds one of the Giulio II tower in the Ostia Antica Castle, which may be glimpsed through the pines and cypresses beyond via Ostiense. Yet the shape is not unrelated to the many water towers scattered about the Roman countryside. Elements of the consolidated city are therefore reviewed and reworked with the aim of developing new stories, defining a new identity and recognition of the urban environment around them. And thus, among the local residents, some see the business offices as a piston, some see a space ship about to take off and some even see them as the police from their helicopters above, a pair of "goggles" on which to arrange a rendezvous. Yet, aside from the symbolical significance of the building, there is an inner link between the building's shape and its function. Its top floor may be viewed as drawing power from the absence of openings. And a clear view of the use intended for the inner spaces is afforded by the three bow windows which pinpoint outlying rooms. They protrude from the upper cylinder and break its axial layout while adding to its dynamism and simultaneously subdividing the unused space on the two bottom floors to form a covered walkway. The pillars are angled and diverge from the upper overhanging frame in order to increase its width. Although there are no shops in the building, it may house a doctor's surgery, offices for a lawyer, an accountant or business consultant and is therefore intended to be patronized by the public to allow them to use the inner routes around the facility.

periferia profonda

Oltre il Grande Raccordo Anulare su colline digradanti verso la valle dell'Aniene, tra la ferrovia Roma-Sulmona e la via Prenestina, si estendono Ponte di Nona e Lunghezza. Percorrendo il sentiero nel bosco che s'insinua nel fosso tra le due colline ci s'imbatte nel basolato dell'antica via Prenestina e nei resti di alcune case romane che sorgevano sul suo limitare. In epoca medievale a Lunghezza venne eretto un castello che nei secoli ha avuto ospiti illustri come Michelangelo ed Eleonora Duse. Nel secondo dopoguerra intorno al nucleo storico del castello sorsero numerosi agglomerati spontanei. A cavallo del nuovo millennio per risanare l'area dal disordine e dall'assenza di servizi e dell'abusivismo, si è proceduto alla lottizzazione di Ponte di Nona e alla definizione dei Piani di zona di Lunghezza e Castelverde. Vi stanno così trovando alloggio circa 60.000 persone in maniera pianificata ed ordinata fruendo di tecnologie ecosostenibili, servizi sociali e scolastici, parcheggi e nuove piantumazioni di alberi.

Accostando edilizia privata, convenzionata e sovvenzionata si è puntato sull'integrazione tra differenti ceti sociali. Si è dato fiducia al motore della condivisione. I programmi di edilizia economica fungono inoltre da calmiere sui prezzi delle aree limitrofe. Si è prodotta una grande varietà anche nell'immagine architettonica attingendo ispirazione alle città giardino degli anni '30, ai volumi puri dell'architettura costruttivista, all'articolazione dinamica del razionalismo, fino al vivace accostamento di colori della pop art. Intonaco, tesserine in ceramica, mattoni pieni da cortina, legno lamellare e pietra convivono a breve distanza. Luoghi riconoscibili, non anonima periferia. Ma ci vuole tempo perché si formi quell'humus sociale, il solo ingrediente che renderà possibile che tutto ciò, integrandosi, diventi città.

deep suburbia

Ponte di Nona and Lunghezza spread out beyond the Great Ring Road, on hills which descend gradually toward the Aniene valley, between the Roma-Sulmona railway and via Prenestina. Walking along the path in the woods that winds through the channel between the two valleys, one encounters the large paving stones of the ancient via Prenestina and the ruins of Roman houses which used to stand at the edge. A castle stood at Lunghezza in Medieval times which, over the centuries, hosted eminent characters such as Michelangelo and Eleonora Duse. After World War II several unstructured settlements were built around the castle's original core. Throughout the new millennium, in order to reclaim the area from disorder, lack of services and unauthorized building, the apportionment of Ponte di Nona took place as did the definition of the Area Plans for Lunghezza and Castelverde. As a result, approximately 60,000 people are being housed in an orderly and planned context, making use of eco-sustainable technologies, social and schooling services, parking areas and newly planted trees.

Private housing is found next to contracted and subsidized housing in an effort to concentrate on integration between different social classes. Confidence has been placed in the driving force of sharing. The low cost housing programmes also contribute to keeping the price of the surrounding land reasonable. A rich variety, also in the architectural landscape, has been obtained by drawing inspiration from the garden cities of the Thirties, the pure shapes of Constructivist architecture, the dynamic complexity of Rationalism, to the lively colour matching of Pop Art. Plaster, tiny ceramic tiles, solid facing bricks, laminated wood and stone live closely side by side. These are recognizable places, not anonymous suburbs. Yet it will take some time for that social breeding ground to form, the only ingredient which will enable all of this to merge into a city.

outlet

Ricordando i Mercati Traianei cuore pulsante della Roma antica, non può considerarsi una novità l'importanza sociale dei centri commerciali di cui gli outlet sono una particolare variazione contemporanea. Macrostrutture architettoniche che cercano di riprodurre in provetta l'impianto rinascimentale delle strade e delle botteghe, o il reticolo irregolare dei suk nordafricani o mediorietali, oppure la grande piazza porticata con parcheggio centrale del modello americano. Sono meta di veri e propri pellegrinaggi di massa, piazze urbane contemporanee, nuovi sagrati in cui incontrarsi nei giorni di festa o nei momenti di tempo libero. Il Soratte Outlet non si discosta da questa filosofia, aggiungendo però un tocco originale al materiale eclettico di cui è fatta in genere la progettazione di queste strutture. C'è uno stretto rapporto con l'ambiente attraverso la silhouette orizzontale del perimetro esterno contrassegnata da una serie di scarti e movimenti che si adattano ai profili naturali contigui. Gli Stati Uniti sono un punto di riferimento nel campo dei grandi agglomerati commerciali. Lo shopping center di lusso "Bar Harbour" di Miami è uno dei prototipi riconosciuti. Austero nel suo aspetto esterno quanto elegante e spettacolare nei suoi percorsi commerciali interni affacciati su lussureggianti e curatissimi giardini, annulla le gerarchie tra gli spazi commerciali e quelli di ritrovo e di collegamento. Ha rappresentato un modello da imitare. Il "Soratte Outlet" si ispira a questa filosofia che unisce commercio e tempo libero. Spazio da esplorare come un paradiso proibito divenuto accessibile. Un architettura ludica e festosa genera un complesso riconoscibile, che marca con un segno forte il proprio territorio e che ben rappresenta il modello piccolo borghese di attività sociale concentrata sullo shopping da concludersi la sera nel ridotto domestico davanti al televisore.

outlet

The social importance of Shopping centres cannot be considered as being a novelty, if one brings to mind the Traianei markets, the throbbing heart of ancient Rome. Amongst these, shopping outlets are a contemporary noteworthy variation. They are giant architectural structures which attempt to artificially replicate the Renaissance pattern of roads and shops, or the random network of African or Middle-Eastern souks, or perhaps the vast porticoed piazza with a central parking area as per the American model. These are actual mass-pilgrimage destinations. They are contemporary urban squares, new forecourts to meet at on public holidays, or in spare time. The Soratte Outlet does not diverge from this approach, yet an original touch is added here to the eclectic matter with which the design of this type of facilities is normally developed. There is a close relationship with the environment through the boundary outline which, in a series of swerves and shifts, adapts to the natural contours of the surrounding land. The United States are World leaders in large commercial clusters. One of the recognised prototypes is the "Bar Harbour" luxury mall in Miami. As plain in its exterior aspect as it is elegant and spectacular in the interior sequence of shops, overlooking lush and manicured gardens. It cancels out the hierarchies between commercial areas and the meeting or connecting areas. It has formed a pattern to be copied. The "Soratte Outlet" shares this philosophy of combining trade and leisure. It is a space to be explored, like a forbidden Paradise that has become accessible. Festive and playful architecture generates a recognizable complex which forcefully marks its territory and fully reflects the lower-middle-class social pastime model focused on shopping, followed later in the evening by watching the television in the home.

liceo in periferia

All'estrema periferia meridionale della capitale, sorge a Spinaceto, il liceo classico Plauto. Progettato nel 1967 da Vittorio De Feo, ha l'ambizione di superare la dimensione molecolare del plesso scolastico a favore di risonanze urbane. I due volumi paralleli dell'edificio si propongono come polo di riferimento per il vicino abitato, attraverso diversificate funzioni non solo didattiche aperte alla cittadinanza. Come osserva Francesco Dal Co, i due blocchi "accorpano sistematicamente le funzioni e si fronteggiano divisi da uno spazio centrale ove emergono inattesi episodi formali". Entrando si viene accolti dal primo corpo sviluppato su due livelli, che ospita l'auditorium, le due palestre, la biblioteca ed un grande foyer a doppia altezza centrale. Percorrendo un passaggio sopraelevato si giunge al corpo con le aule per la didattica. Esposte al sole mattutino presentano schermature solari in cemento. La linearità delle finestre del prospetto ad est risulta spezzata invece nello spazio aperto tra i due blocchi, percorso longitudinalmente dalle scale.

E' lo stesso De Feo a rivelarci lo spiccato interesse per "l'organizzata relazione di superfici, volumi, visuali prospettiche, che dialogano per reciproche commisurazioni, convergenze, intersezioni". Quest'attenzione alle potenzialità compositive di trame geometriche e di solidi primari gli derivava al contempo dall'interesse per il costruttivismo russo e l'architettura organica americana, ma senza perdere di vista il "genius loci".

Colorati di rosso ferrigno come il paramento murario, articolano l'atrio i massicci pilastri circolari che svelano squarci di citazioni di spazi urbani. La luce è copiosamente irraggiata negli spazi distributivi dalle sinuosità del vetrocemento, che al contempo illumina, scherma e separa. In quest'architettura troviamo il felice connubio tra l'attenzione ai processi artigianali e le potenzialità espressive del prodotto industriale, che evocano un modello didattico proteso al moderno ma ancorato alla nostra storia.

a suburban school

The Liceo Plauto, specializing in classical studies, is located at Spinaceto, at the outermost Southern outskirts of the Capital. Designed in 1967 by Vittorio De Feo, it aims to overcome the molecular dimension of school buildings in favour of an urban-scale quality. The two parallel blocks of the building stand as a reference point for the local residents by offering different services, not simply teaching services, which are available to local citizens. As remarked by Francesco Dal Co, the two blocks "incorporate the functions methodically and face one another, separated by a central space populated by unexpected formal episodes". Access is through the first block, consisting of two levels, where the auditorium, the two gyms, the library and a large, double-height lobby are located. The block with the classrooms may be reached by means of a walkway. Exposed to the morning sun, they are shielded by concrete sun screens. The linear sequence of the Eastern front windows is broken in the open space between the blocks, with stairs running lengthwise.

De Feo himself reveals his keen interest for "the well arranged relationship among surfaces, volumes, perspective views, which hold a dialogue of reciprocal comparisons, convergences, intersections". This attention to the potential composition of geometrical grids and primary solids derived, together with his interest in Russian Constructivism and American Organic architecture, without losing sight of the "genius loci".

Massive round pillars, coloured rust-red like the outer walls, subdivide the atrium revealing perspective views which resemble urban spaces. Sunlight is abundantly shed in the connecting spaces by winding glass blockwork walls. It illuminates, shields and separates them. A happy alliance between the attention for craftsmanlike work and the potential power of expression of the industrial product is found in this architecture. Both suggest a didactic model stretched out to modernity, yet anchored to our history.

landmark e fede

L'architettura delle nuove chiese è una sorta di archivio eclettico degli stili moderni. Le contaminazioni, gli impasti linguistici, le conpresenze di materiali antichi e attuali, sono legittimati dalla vocazione simbolica che è il segno prevalente dell'architettura religiosa. La chiesa cattolica è stata capace di usare il linguaggio moderno dell'architettura. Sempre più spesso nella fitta urbanizzazione è una chiesa, con le sue inedite soluzioni formali a definire l'identità del luogo, a fornirne il segno della contemporaneità. A riprova possiamo ricordare tra le tante, Santa Margherita Maria Alacoque di Italo Rota, la Chiesa di Santa Maria del Redentore di Pierluigi Spadolini a Tor Bella Monaca, o la nota Dives in Misericordiae di Tor TreTeste di Richard Meier. Si tratta di pezzi unici che rappresentano istanze architettoniche tutt'altro che omogenee nell'organizzazione degli spazi e nelle modulazioni morfologiche ma che hanno in comune la capacità di proporre un idea spirituale, sacra dello spazio liturgico. La nuova chiesa San Pio da Pietralcina di Alessandro Anselmi a Malafede impasta plasticismi, innesti tecnologici e materiali perenni. L'edificio marca il territorio con il suo eclettismo espressivo ponendosi come spazio religioso parte di una dinamica sociale e culturale. Rappresenta non solo il sacro ma bisogni, tendenze aspirazioni della vita di tutti i giorni alle quali fornisce ambiti funzionali e soluzioni spaziali moderne. Il nuovo complesso è un architettura consapevole, non celebrativa, capace di rappresentare il sacro ed il profano, il trascendente e l'ordinario quotidiano, senza mimesi, consapevole della forza universale del messaggio cristiano.

landmark and faith

The style of the new churches resembles an eclectic library of modern architecture. Contamination, a mixture of languages, the simultaneous use of old and new materials, are justified by a symbolic inclination which is a predominant symbol of religious architecture. The Catholic Church has succeeded in using the language of modern architecture. In the crowded urbanization process a church, with its original formal appearance, is more often what gives a place its identity, providing the mark of contemporariness. In order to confirm this statement, we may mention the church of Santa Margherita Aloque designed by Italo Rota, Santa Maria del Redentore by Pierluigi Spadolini at Tor Bellamonaca, the well known Dives in Misericordiae by Richard Meier at Tor TreTeste and the parochial premises of Quartaccio Santa Maria della Presentazione. Each of them is unique, representing architectural examples with different approaches to the arrangement of spaces and the changes to shapes, still sharing the ability to propose a spiritual, sacred image of the space devoted to liturgy. The new church of San Pio da Pietralcina by Alessandro Anselmi at Malafede mixes plasticism with technological additions and materials which last indefinitely. The building marks the land with its eloquent eclecticism and serves as a religious venue belonging to a cultural and social trend. It represents not only holiness but also the everyday needs, trends and wishes which are answered by providing functional precincts and modern spatial solutions. The architecture of the new complex is not celebratory. It is able to portray things sacred and profane, transcendent and ordinary everyday issues without mimesis, at the same time it is conscious of the universal force of the Christian message.

Edoardo Amaldi
Antonio Signorini

ACQUA

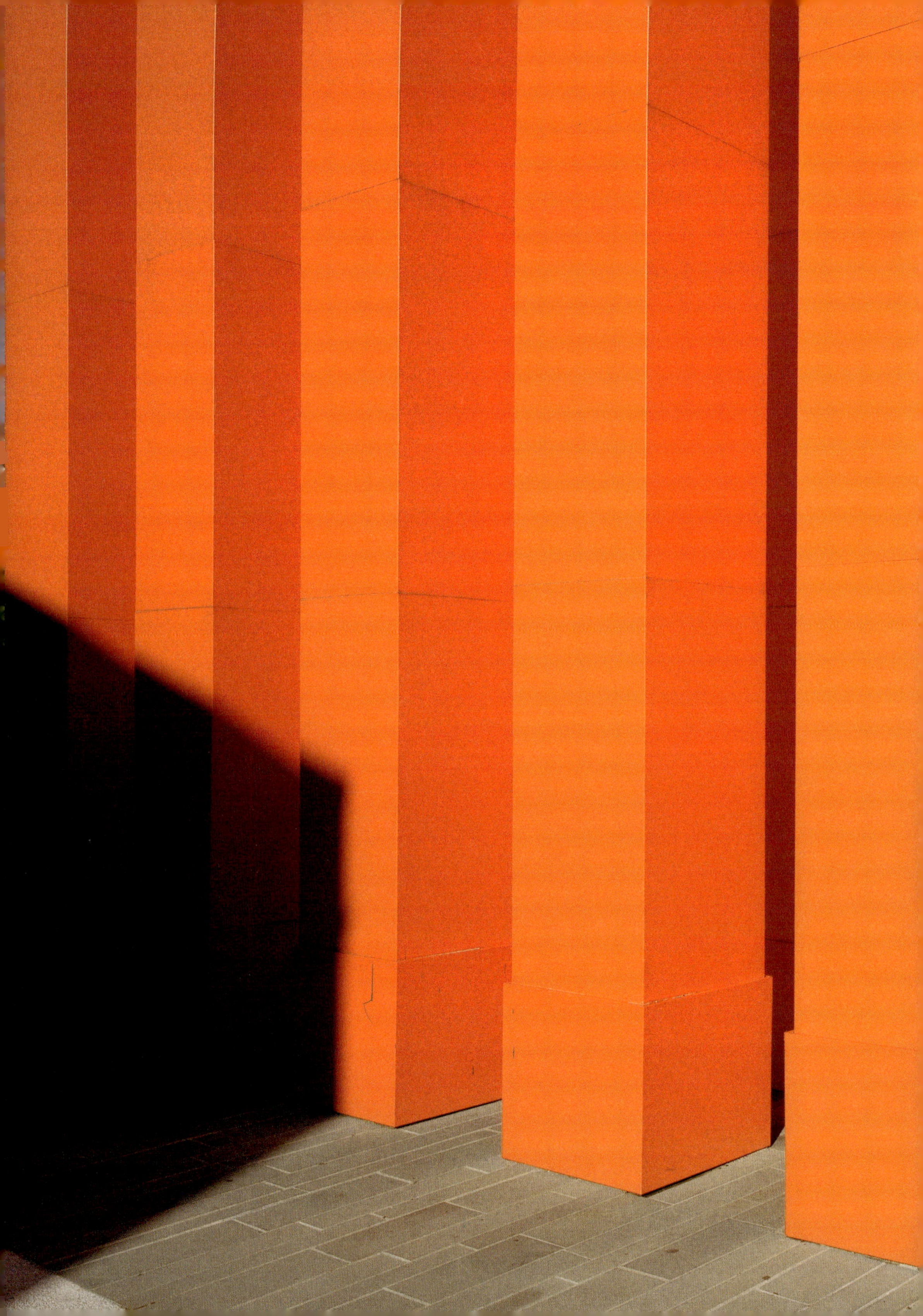

116

3

lavoro | work

polifunzionale | multipurpose
direzionale | executive buildings
municipio | town hall
acciaio e vetro | steel and glass
albergo sui binari | hotel on the railway
air terminal | air terminal
uffici | offices
università | university
archivi | archives

polifunzionale

"Preludio ad una metropoli di domani, fatta di liberi blocchi che animano il cielo". Così Bruno Zevi descrive l'edificio, costruito nel 1964 in via Campania dallo Studio Passarelli. S'ispira alla casa sulla cascata di Frank Lloyd Wright, l'alternanza negli aggetti delle abitazioni, su uno o due livelli, accolte dai piani terminali, da cui emerge la rigogliosa vegetazione dei giardini pensili. "Dio è nel dettaglio" per Mies Van der Rohe. Accurata e coerente è la scelta dei materiali: fasce-fioriere in cemento e graniglia, infissi in legno naturale e metallo, pannelli in gres smaltato e bris-soleil orizzontali in cemento, secanti pilastri quadripartiti, che crescendo oltre la costruzione alludono a sue possibili evoluzioni. Un pieno sopra un vuoto o viceversa così sembra svilupparsi a filo con l'altezza delle Mura Aureliane, al di sotto delle residenze, il blocco riflettente in vetro brunito degli uffici. Ribaltando la logica di un basamento forte sul quale alleggerire la costruzione, il blocco vetrato basamentale arretra e si ribassa rispetto al piano stradale, accentuando l'effetto galleggiamento. Oltre l'altezza delle Mura Storiche, divenendo alloggi, il prisma puro di vetro ruotando sorprendentemente a seguire l'andamento trapezoidale del lotto, si trasforma in articolata architettura di cemento ferro e vetro incorniciata dal verde delle fiorire a sbalzo che frammentano e disorientano, in una spettacolare citazione di uno scenario di Moebius.

Un ancor giovane Mauro Coronelli progetta e realizza tra il 1971 e il 1976 a Piazza San Giovanni Battista De La Salle un altro interessante esempio di compenetrazione di più funzioni in un unico edificio. Si serve, nel farlo, di una sintassi semplice e di componenti standardizzate. L'alluminio anodizzato nero degli infissi ed il cemento lasciato in vista dei pannelli modulari originano un netto gioco chiaroscurale. L'ortogonalità dei volumi è spezzata ed animata dagli snodi circolari dei soggiorni, dei bagni e delle scale interne. La scansione con "iterata cadenza ritmica" di travi e pilastri quadripartiti, memoria dell'edificio di Via Campania, unisce e ricompone le diverse morfologie dettate dalle funzioni, negozi ed uffici e due blocchi residenziali di 4 piani. Non si utilizzano schemi tipologici consolidati e la polifunzionalità è elencata e rivelata dalle forme dell'involucro inedito.

multipurpose

"The prelude to a future metropolis made of free blocks which give life to the sky", writes Bruno Zevi describing a building designed by Studio Passarelli and erected on Via Campania in 1964. It draws inspiration from the "Fallingwater" house by Frank Lloyd Wright in the overhangs of the apartments on one or two levels, jutting out on alternate sides, meeting the top floors from which flourishing plants from the hanging gardens emerge. "God is in the details" according to Mies Van der Rohe; and here the choice of materials is consistent and accurate: ribbon flower boxes made of concrete and cast stone, natural wood and metal fixtures, enamelled stoneware panels and horizontal concrete sun screens, pillars divided in four parts cutting through the floors and protruding beyond the roof, alluding to likely future development of the building. The building seems to develop by the placement of a full frame over an empty one or vice versa, ending flush with the top of the Aurelian Walls. The reflecting tinted-glass block containing offices lies below the residential section. Reversing the concept of a heavy base supporting a lighter top, the glazed block at the base is set below and off the road level, enhancing a floating effect. Beyond the top of the Ancient Walls the pure glass prism gives way to the residential section of the building which, surprisingly rotates to follow the trapezoidal outline of the plot, turning into a complex concrete, glass and steel architecture framed by the vegetation of the overhanging flower boxes which fragment and confound the viewer, affording a spectacular citation of a scene by Moebius.

Between 1971 and 1976, Mauro Coronelli, still at a young age, designed and oversaw the construction, at Piazza San Giovanni Battista De La Salle, of another interesting example of a single building with multiple projected uses. In order to achieve this, he made use of a plain organisational system and standard components. The fixtures' black-anodized aluminium and the exposed concrete of the modular panels produce a sharp play of lights and shadows. The square motif of the volumes is broken and enlivened by the circular hubs of the living rooms, bathrooms and internal stairs. The articulation of the "repeated rhythmical cadence" of beams and pillars divided in four parts, recalling the building on Via Campania, unites and recomposes the different shapes dictated by its uses: shops, offices and two four-floor residential blocks. No use is made of pre-established typological schemes, and the presence of different uses is listed and revealed by the series of shapes of the unusual envelope.

direzionale

Il Nucleo Direzionale di Piazzale del Caravaggio completato nel 1968 è descritto dal suo progettista Pietro Barucci, come "un complesso architettonico a scala urbana" comprensivo degli "elementi fondamentali costituenti la vita della città, dal traffico delle auto agli spazi pedonali, ai luoghi di sosta, d'incontro, ai luoghi di lavoro, il tutto compreso in una cornice resa gradevole ed umana dagli spazi verdi e dalle attrezzature comuni". Si scorge percorrendo il Nucleo Direzionale una gran ricchezza di elementi, molti dei quali ripetuti, ma sempre inquadrati in un disegno semplice e flessibile, ritmicamente connotato. Il complesso è enfatizzato alla base da plastiche scale circolari, ma è definito soprattutto dalle facciate di vetro e metallo degli otto piani d'uffici dei quattro edifici stereometrici che si sdoppiano slittando lungo i nuclei dei servizi per ottenere le migliori condizioni d'illuminazione ed aereazione. La volumetria è elementare ed immediata espressione architettonica della struttura, caratterizzata da una maglia modulare rigorosa. Il modulo base è suggerito da un ipotesi di superficie ideale di un posto di lavoro standard. A due moduli, corrisponde la stanza di lavoro ed il modulo strutturale in elevazione. Nei piani inferiori la campata si raddoppia progressivamente prima nel livello delle attività commerciali e ancora al piano parcheggi per consentire la massima libertà di manovra. Per contrastare i notevoli carichi in mezzeria si è ridotto l'interasse tra i sostegni verticali realizzando l'accoppiamento di due pilastri circolari, collegati in sommità da un robusto pulvino che riduce le sollecitazioni. L'insieme colonne-pulvino-trave scandisce la parte inferiore di ciascun fabbricato rendendo tangibile la sintesi ritmica fra necessità statiche-funzionali e forma architettonica, peculiarità originale di questo intervento.

executive buildings

The executive district at Piazzale del Caravaggio was completed in 1968 and is described by its designer Piero Barucci as an "architectural complex of urban dimensions" which includes the "fundamental elements of city life, from vehicular traffic to pedestrian areas, to rest places, meeting points and workplaces, all encompassed in a humanized frame made pleasant by green areas and public facilities". A large wealth of architectural elements are to be found in the Executive District, many of which are recurrent, yet framed in a plain and flexible, rhythmic arrangement.

The complex is emphasized at the base by plastic spiral stairs, but it is defined, above all, by the glass and steel curtain walls covering the eight office floors of the four geometrical buildings which split by sliding along the centre of the service areas to obtain better lighting and ventilation conditions. The disposition of volumes is basic and a direct architectural result of the rigidly modular structure. The basic module size is derived by adopting an ideal, standard-size workspace. The single office consists of two modules, as does the structure of the vertical module. The structural span is doubled firstly at the trade activities level and once again at the parking level to obtain the maximum possible ease of manoeuvre. In order to support the considerable loads at the middle of the bays, the distance between pillars has been reduced by adopting coupled circular pillars, linked at the top by a sturdy dosseret which reduces stress. The beam-pillar-dosseret ensemble sets the sequence of the lower part of each building and makes tangible the rhythmical alliance between structural-functional needs and architectural shape: the original feature of this project.

municipio

Quello del nuovo Municipio di Fiumicino è uno spazio per la comunità, "sintesi di luoghi per la sosta per il dialogo, per la decisione ed il governo". Così lo descrive Pio Baldi. Una moderna agorà raccontata attraverso piani e superfici che s'intersecano e s'increspano, negando i volumi tradizionali, con i loro angoli, rapporti a terra e chiusure in alto.

Ideale prosecuzione delle banchine lungo il canale Pio Clementino, la piazza si conforma prima a piano continuo leggermente inclinato, che repentinamente s'innalza in una gradonata a ventaglio e poi diviene facciata, per protendersi infine verso il cielo appoggiandosi sopra i due volumi costruiti. In tal modo si può raccontare questa superficie leggera ed astratta, che assume matericità ed unitarietà grazie alla distesa di mattoni murati come se fossero a secco, di cui è rivestita senza soluzione di continuità. Il duplice senso che nasce dall'incontro di astrazione e materialità si ripete anche nel confronto tra i pannelli di matrice industriale in alluminio e vetro al di sotto del grande piano piegato e l'artigianale laterizio soprastante. E duplice è ancora la funzione stessa del piano: al contempo piazza e tetto di edificio. In una stretta identità tra struttura e forma l'intradosso delle gradonate diviene così soffitto della sala consiliare sottostante. Al di sopra il valore iconico di una piazza, che nelle città contemporanee è sempre più memoria, al di sotto i significati del quotidiano, le funzioni pratiche richieste ad un Comune.

Progettato tra il 1996 e il 1997 da Alessandro Anselmi, il Municipio è stato inaugurato nel 2002. Ad appannarne l'immagine originale non è riuscito nemmeno l'aggressivo clima marino, che ha ricoperto i mattoni di efflorescenze saline. Rimane un paesaggio architettonico dal valore semantico che efficacemente segnala lungo l'antica Via Portuense l'ingresso al centro urbano.

town hall

Pio Baldi describes the new town hall at Fiumicino as a public facility which "brings together a stopping place, a meeting place, a place for decision-making and administration". It is a contemporary Agora expressed through its intersecting and wrinkling planes and surfaces, rejecting the traditional volumes, with their angles, connections at ground level and closures at the top.

The square, perceived as an extension of the banks of the Pio Clementino canal, takes shape as an unbroken, slightly sloping plane at first, suddenly rising to form a set of fanned-out wide steps evolving into a front elevation and, finally, stretching skywards and resting upon the two blocks. This is a description of the abstract and light surface which gains solidity and unity through the continuous expanse of seemingly dry-laid bricks covering it. The twofold feeling which is born from meeting abstraction and materiality also recurs when comparing the industrial-made aluminium and glass panels below the large bent plane and the craftsmanlike brickwork above. The very purpose of the plane is twofold: it is a square and at the same time it is the roof of a building. In a close identity between structure and shape the inner face of the flight of wide steps becomes the ceiling of the Council Hall beneath the steps. Above, the iconic value of a square which, in contemporary cities, is increasingly becoming a memory, below, the sense of everyday life, the practical services required of a Town Council.

 The Town hall was designed between 1996 and 1997 by Alessandro Anselmi and was inaugurated in 2002. Not even the aggressive marine environment was able to dull the pristine look of the municipal building whose bricks are coated by a patina of salt. What remains is an architectural landscape with a semantic value, effectively marking the access to the town centre along the ancient Via Portuense.

acciaio e vetro

Un parallelepipedo di vetro sormontato da una copertura ad arco ribassato su travi d'acciaio incernierate alla struttura muraria dell'organismo preesistente. Così, in estrema sintesi, si può descrivere il progetto per la serra del Palazzo delle Esposizioni progettata da Paolo Desideri, a completamento del restauro del Palazzo delle Esposizioni di via Nazionale. Si arricchisce, con questo riuscito intervento, l'abaco qualificato degli interventi moderni in edifici storici. La nitidezza della forma esalta l'incursione della contemporaneità nell'organismo ottocentesco, tema cogente nelle città Europee. Lo si può affrontare in forma eroica come Coop Himmelblau nella famosa sopraelevazione di Vienna, assunta a paradigma della cooptazione del moderno nell'antico. Oppure a partire dall'elenco rigoroso delle funzioni moderne come fa il progetto della serra, che assegna priorità all'inserimento delle componenti tecnologiche: microclima, luce,energia, mobilità. Il tema della sperimentazione nell'ambito di un tessuto urbano consolidato o in un edificio storico trova nella città di Roma un campo privilegiato, ma rischioso se ridotto ad una contrapposizione di morfologie rivali. Maquillage o forzatura affidata a materiali dissonanti? Nel Palazzo delle Esposizioni il rischio è evitato rendendo nitido il valore delle funzioni nuove attribuite alla serra, risolte unitariamente sotto la grande tenda di vetro e acciaio. Il nuovo non si mimetizza ma non prevarica in equilibrio con il classicismo del corpo principale del Palazzo delle Esposizioni di Pio Piacentini.

steel and glass

A glass block topped by a segmental-arch roof supported by steel beams hinged to the masonry of the existing structure. This is the most concise description of the rooftop greenhouse in Palazzo delle Esposizioni, designed by Paolo Desideri as the final step of the restoration project of the whole edifice at via Nazionale. This successful project enriches the list of select modern additions to historical buildings. The purity of the shape enhances the incursion of contemporariness in a Nineteenth Century structure. This is a compulsory theme for European cities. The theme may be addressed with courage, as in the famous floor addition designed in Vienna by Coop Himmelblau and raised as an example of uniting modernity with antiquity. Otherwise it may be addressed by starting from a precise list of modern functions, as in the Greenhouse project, which gives priority to the introduction of technological elements such as micro-climate, light, energy and mobility. Experimenting in a consolidated urban environment or on a historical building is a theme in which Rome is in an area with an advantaged. Yet this is a risky activity if driven to confrontation between rival morphologies. A cosmetic approach, or a forced usage of conflicting materials? This risk has been avoided at the Palazzo delle Esposizioni by making clear the value of the new functions credited to the Greenhouse and arranging them as a whole under the great glass and steel canopy. The new addition is not camouflaged, yet it does not break the balance with the classical style of the main body of the Palazzo delle Esposizioni designed by Pio Piacentini.

albergo sui binari

"Trovarsi sui terrazzi con la superficie in doghe di legno con il solo limite di parapetti in acciaio, con le nuvole vicine, il vento e l'andare e venire dei treni della vicina stazione Termini". Le parole dei progettisti descrivono la filosofia alla base del progetto dell'hotel all'Esquilino di fronte alla Stazione Termini. In realtà si doveva conservare l'involucro dell'edificio ottocentesco, ma nel corso della realizzazione delle fondazioni dell'albergo sono emersi i consueti reperti archeologici. Per preservarli la Soprintendenza ha autorizzato gli architetti Jeremy King e Riccardo Roselli a proporre un progetto completamente nuovo. Una piastra di quasi 30 metri di luce è venuta così a proteggere le antichità traducendosi anche in un forte segno architettonico.

Superfici curve o piegate emergono dal livello delle rovine avviluppando una grande sala conferenze frazionabile, il saloon dell'albergo e la lobby d'entrata. E come un leit motiv la superficie curva si ripresenta in copertura. Sebbene si apra a corte da un lato collegandosi spazialmente col giardino ed il vicino teatro, l'albergo si stacca dall'architettura umbertina ricercando il dialogo con l'attigua stazione Termini.

Ma di notte è il vetro con le sue luci e colori a rimanere impresso. Ogni stanza ha una luce diversa sotto la finestra a comporre in facciata un mosaico sintetico multicolore. E'un luogo sperimentale, tecnologico, pieno d'input sensoriali. Le divisioni tra bagno e camera vengono a dissolversi progressivamente fino alla versione più estrema della vasca in camera. L'architettura si fonde al design portando King e Roselli a confrontarsi anche con i più minuti arredi, come interruttori palmari e totem dei comandi. La flessibilità è la parola d'ordine: una stessa stanza si può trasformare in ufficio, sala riunioni, camerino per set fotografici e naturalmente alcova per riposare. Nel salone del bar al mezzanino, ad esempio, le librerie ruotano come flipper suddividendo lo spazio in piccoli salotti e il banco della reception può accogliere gli ospiti o semplicemente pulsare come un anemone luminoso.

hotel on the railway

"Standing on the wooden slatted terraces, with steel railings as their only boundary, the clouds close by, the wind and the trains coming and going from Stazione Termini nearby ". These are the words used by the designers of the hotel, at Esquilino, opposite Stazione Termini, to describe the philosophy behind their work. As a matter of fact, the envelope of the pre-existing nineteenth century building had to be preserved. However, during the foundation works of the hotel, the customary archaeological findings emerged. In order to preserve them, the relevant Authorities allowed architects Jeremy King and Riccardo Roselli to put forward a design for a completely new building. A platform with a span of almost 30 metres therefore protects the antiquities whilst also becoming a powerful architectural mark.

Curved or bent surfaces emerge from the level of the ruins, enclosing a large conference room (which, if required, may be split), the hotel lounge and the entrance lobby. And the same curved surface appears at roof level as a recurring musical theme. Even though the hotel opens on one side onto a courtyard and connects to the garden and the nearby theatre, it distances itself from the King Umberto I style architecture and seeks a dialogue with the adjoining Stazione Termini.

But at night time it is the glass, with its lights and colours, which impresses. Each room has a different light under each window, forming a multicoloured synthetic mosaic on the facade. The place is experimental, technological and full of sensory inputs. The partitions between bedrooms and bathrooms are gradually dissolved until coming to the ultimate version of a room with a bath. Architecture and design merge bringing King and Rosselli to confront each other, also in the smallest of furnishing elements, such as hand-held switches and remote controls. Flexibility is the keyword: the same room can be turned into an office, a meeting room, a dressing room for photo sessions and of course an alcove for resting. In the mezzanine bar lounge, for instance, the bookshelves rotate, like a pinball flipper, dividing the space into small lounges. And the reception desk may either welcome guests or simply throb like a luminous anemone.

air terminal

Perseguendo il sogno di un rapido collegamento tra l'aereoporto di Fiumicino ed il centro cittadino, venne costruito, per i mondiali di calcio del 1990 l'Air Terminal Ostiense come punto d'arrivo della navetta ferroviaria. L'architetto Julio Lafuente si ispirò alle arcate degli edifici termali imperiali e al tempo stesso alle grandi coperture ferroviarie dell'Ottocento per il progetto dell'imponente volta a botte dell'edificio. Una struttura tubolare metallica centinata con archi a tutto sesto a sorreggere i pannelli di lamiera di rame del tetto e l'articolata tessitura dei mattoni di tamponatura. Un ampio portico cadenza i lati principali e la luce si espande copiosa nell'edificio attraverso le ampie vetrate delle testate, degli ingressi e degli oblò, suggestione quest'ultimi delle navi, del viaggio e della partenza. Echi dei Mercati Traianei si avvertono nei negozi che insieme alle biglietterie ed ai servizi d'accoglienza si articolavano su due livelli, impreziositi dalla pavimentazione in botticino e rosso di Verona. Dei 50 locali commerciali aperti nel '90, a neanche tre anni dall'inaugurazione, solo una mezza dozzina tenevano la saracinesca alzata. L'Air Terminal aveva ampiamente disatteso le previsioni di trentamila passeggeri in transito ogni giorno, a fronte dei tremila reali. Un "fiore all'occhiello" dei Mondiali divenne un relitto urbano precoce. Una cattedrale nel nulla. Giorgio Muratore oggi osserva che "servì soltanto a giustificare la valorizzazione delle aree lungo la vecchia tratta ferroviaria per Fiumicino".
Negli anni le enormi arcate dipinte di giallo hanno vissuto alti e bassi: a più riprese rifugio di emarginati, ci sono stati anche momenti di gloria con iniziative culturali, artistiche e sportive. Tante le ipotesi di riuso... Lafuente ne ha suggerito la trasformazione in un centro polifunzionale con negozi ed uffici. Qualcuno ha anche pensato all'ennesimo museo. Ma per fortuna il Terminal sta per tornare a nuova vita, nel cambiare la destinazione per il quale era stato concepito.

air terminal

Pursuing the dream of a quick link between Fiumicino airport and the town centre, the Air Terminal Ostiense was built at the time of the 1990 World Cup Football Championship as an arrival place for the shuttle train. When designing the majestic barrel vault of the station building architect Julio Lafuente drew inspiration from the great arches of the Imperial Thermae and also from the vast roofs covering railway stations in the nineteenth century. A tubular metal structure, consisting of round arch ribs supports the roof's copper sheet panels and the complex texture of the infill bricks. A large portico gives rhythm to the main sides and sunlight bathes inside, pouring through both the large glass windows of the walls at each end, the entrances and the portholes. These windows are suggestive of ships, voyages and departures. Echoes of the Mercati Traianei may be perceived in the shops which, with the ticket counters and the reception services, were arranged on two levels and embellished by the pavement made of "botticino" and "rosso" from Verona. Of the original 50 shops open in 1990, only half a dozen were still active less than three years after their inauguration. The Air Terminal had not come up, in any way, to the expectation of thirty thousand passengers transiting daily, with a reality of only three thousand. What should have been a "feather in the hat" of the World Cup turned into a premature urban wreck. It was a cathedral in the middle of nowhere. Giorgio Muratore remarks today that "the only purpose it served was to increase the value of land along the old stretch of railway to Fiumicino". In time the huge yellow-painted arches have been through ups and downs: often the shelter of outcasts, they have also had their moments of glory thanks to cultural, art and sports events. There have been many ideas for re-use. Lafuente has suggested creating a multi-purpose centre with shops and offices. Someone also proposed yet another museum. Luckily the Terminal is about to return to a new life, changing its original intended use.

uffici

Cosa hanno in comune tre palazzine destinate ad uffici oltre al fatto di essere edificate nello stesso quartiere Prati, tra gli anni cinquanta e settanta, a poca distanza l'una dall'altra, in Via Terenzio , in via Cola di Rienzo, e in via Lucrezio Caro? Hanno in comune il senso di marcia e la direzione che ad un certo punto della storia, appunto in quegli anni, l'architettura romana sembra imboccare. La strada del fare senza preconcetti e del non ripertersi. L'originale sovrapposizione sfalsata dei piani ricurvi del palazzetto di via Lucrezio, i bow windows appoggiati sul solaio negli uffici di via Terenzio o le finestre continue a canna d'organo in via Cola di Rienzo progettate da Alvaro Ciaramaglia. Segni di innovazioni tecnologiche e formali intese a migliorare la qualità di vità di chi in quegli edifici andrà poi a lavorare e la funzionalità dei servizi resi agli utenti in quegli spazi. L'architettura votata all'efficienza ed al dinamismo sembra un'arma del progresso, del buon progresso, il mito di quegli anni. Oggi che il mito è la sostenibilità, forse il cemento armato a vista, i solai a sbalzo, gli infissi a nastro in alluminio potrebbero far storcere la bocca a qualcuno. Quel modello oggi appare un'illusione, ma in una certa misura indica la strada giusta, nonostante i limiti che con il senno di poi oggi riusciamo a scorgere. Queste architetture ci suggeriscono un idea singolare e forte dell'uso dei materiali moderni, che l'ipotesi che oggi non rappresentino il buon modello di sostenibilità energetica non scalfisce; rendono una immagine orgogliosa dell'architettura dell'ordinario, che probabilmente cozza con il mito odierno, tutto italiano, della sostenibilità affidata alla mimesi ed al minimalismo. Ma l'unica verità atemporale, capace di oltrepassare via via i miti (o le mode ?) dei tanti contingenti delle vicende storiche, è unicamente la qualità delle architetture. Quella indubitabile di questi misconosciuti edifici del quartiere Prati.

offices

What do these three office buildings have in common besides their location in the Prati area, that they were built between the Fifties and the Seventies and the short distance between them in Via Terenzio , Via Cola di Rienzo, and Via Lucrezio Caro? They share the course and direction that Roman architecture seems to have taken at a certain time in history; precisely in those years. The course of acting without prejudice and repetition. The original staggered overlapping of the contoured floors in the building at Via Lucrezio, the bow windows resting on the slab in the offices at Via Terenzio, or the ribbon windows resembling organ pipes at Via Cola di Rienzo designed by Alvaro Ciaramaglia. They are proof of technological and formal innovation, aimed at improving the quality of life for those who will work in the buildings and the effectiveness of the services provided to its patrons. Architecture devoted to efficiency and dynamism seems to be a weapon of progress, of good progress, the myth of those years. Since sustainability is today's myth, perhaps the exposed concrete, the overhanging slabs, the aluminium ribbon windows, could cause a grimace. That style may appear deceptive nowadays but, to a certain extent, it points in the right direction in spite of the limits which, in retrospect, we are now able to see. These pieces of architecture suggest an unusual and heavy use of modern materials which resist the current concept that they cannot be considered as a good example of energy-sustainability. They reflect a proud image of regular architecture which is likely to clash with the contemporary all-Italian myth of sustainability relying on imitation and minimalism. Yet the only timeless truth that can survive the myths (or the fashion) of many fortuitous circumstances of historic events is solely the quality of architectural work. The same, unquestionable quality of these underestimated buildings in the Prati area.

università

Il complesso che ospita la sede del Rettorato e il Dipartimento di Giurisprudenza dell'Università Roma Tre, inaugurato nel 2000, fa parte di un programma di rinnovamento del quartiere Ostiense San Paolo che vede coinvolti gli ex Mercati Generali, l'area industriale del Gazometro ed altri importanti porzioni di questo settore di città. Progettato dagli architetti Giuseppe Pasquali ed Alfredo Passeri, l'edificio, piuttosto articolato, è composto da due volumi parallelepipedi ortogonali sotto cui s'innesta la piastra chiusa delle aule. La connessione tra gli spazi didattici e quelli amministrativi e di relazione e' garantita da passerelle che veleggiano a diverse altezze sulla galleria svetrata a doppia altezza, cuore dell'intero complesso, che integra anche la palazzina in stile Liberty su via Ostiense, sede del Rettorato, ed il corpo cilindrico a spirale rivestito in doghe metalliche destinato ad Aula Magna. L'immagine complessiva si regge sull'equilibrio tra volumi semplici e plasticità dei materiali. Un intervento partecipe ai processi di trasformazione urbana con il suo linguaggio contemporaneo, senza recidere il rapporto con la storia e la memoria del luogo. Legame segnalato dai lucernari zenitali che si ispirano ai preesistenti insediamenti industriali delle Vetrerie Riunite che occupavano il quartiere fino a non molto tempo addietro, oltre che dall'uso per il rivestimento, dei mattoncini rossi di cotto. In questo senso l'architettura di Pasquali e Passeri partecipa di un sapore locale che non ne sminuisce la qualità. Il progetto si segnala anche per la sua capacità di evocare una dimensione urbana del campus universitario. Senza ricorrere a "forme eroiche" il progetto si concentra sulla definizione tipologica di un moderno dipartimento di studi, ed assegna alla morfologia degli edifici un ruolo di catalizzatore di relazioni umane e sociali.

university

The structure which includes the Roma Tre university Rector's offices and the Law Department was opened in 2000. It is part of a redevelopment plan for the Ostiense San Paolo area including the former Wholesale Market, the industrial area of the Gazometro and more prominent sections of this part of the town. The rather intricate complex, designed by architects Giuseppe Pasquali and Alfredo Passeri, consists of two rectangular buildings with a blind platform containing classrooms beneath them. The classrooms, administrative offices and social areas are connected by footbridges which flow at different levels under the glass roofed, double heighted gallery. This is the core of the whole facility, which also includes the Liberty-style small building on Via Ostiense housing the Rector's offices and the spiralling cylindrical mass clad in metal staves of the Main Hall. The overall image is supported by the balance between simple volumes and the plasticity of materials. It is a project which participates in the urban transformation process through its contemporary language, without severing the links with history, and the memory of the place. This link is suggested by the overhead skylights which recall the pre-existing industrial settlements of the Vetrerie Riunite, which occupied this area until recently, and by the use of small red bricks for cladding. In this way Pasquali and Passeri's architecture contributes to the local flavour and does not lessen its quality. The project is also remarkable for being able to suggest an urban dimension to the university campus. Without resorting to "extreme styles" the design is focused on defining the classification of a modern university department and it establishes the role of catalyst for human and social relationships with the shape of the buildings.

archivi

L'edificio, attuale sede dell'archivio centrale dello Stato, è frutto del concorso vinto ex aequo da Mario De Renzi, Luigi Figini e Gino Pollini nell'ambito del programma dell'Esposizione Universale del 1942. Si segnala soprattutto per la scansione prospettica di due ordini sovrapposti di colonne "false, inutili ed impacciatissime" come le definì Giuseppe Pagano su Casabella. Oggi, depurate dall'orpello ideologico che le aveva imposte, sembrano essere quasi una ironica citazione postmoderna. Il complesso degli edifici e della piazza è certamente diverso dai progetti dei vincitori del concorso. Scaturisce piuttosto da una sorta di stratificazione progettuale sintetizzata nel monumentalismo, cifra stilistica prevalente dell'Eur. Negli anni cinquanta prevalse l'idea di destinare l'edificio all'Istituto per la conservazione e valorizzazione della memoria storica dello Stato unitario Italiano, e successivamente negli anni sessanta vi fu trasferito l'Archivio Centrale dello Stato. Dopo il trasferimento dell'archivio storico dell'Esposizione del 1942, il complesso ha conosciuto negli anni novanta una ristrutturazione degli spazi interni da parte di Giulio Savio per adeguare la Sala Lettura della Biblioteca, la Sala Convegni ed altri spazi accessori a necessità funzionali più attento alle esigenze del rapporto con il pubblico. L'archivio di Stato ha la sacralità del luogo dove si ritrovano le ragioni della nostra comunità, della nostra storia controversa, di una prospettiva che si basa sull'eredità del passato, fissata nei suoi documenti più o meno importanti. Ma il complesso che lo ospita appare oggi, come segno architettonico, più suggestivo che adeguato ad accogliere l'istituzione chiave di uno Stato basato su una Costituzione che coltiva ambizioni universalistiche. Quest'edificio, controversa sintesi di citazioni storiche e di spazi moderni, appare la sede idonea nella fase transitoria della ricostruzione di una memoria collettiva, di una comunità alla ricerca di un identità, capace di evocarne le tracce, le sedimentazioni, il passaggio in questa fase della storia, ma forse non più adatto a rappresentarne anche l'orizzonte.

archives

The building where the Central Public Records Office is currently located, is the result of a design competition won equally by Mario De Renzi, Luigi Figini and Gino Pollini, and was part of the plan for the 1942 World Expo (Trade Fair). It is notable particularly for its front, featuring a double row of columns set at regular intervals, defined by Giuseppe Pagano as "false, useless and very clumsy" in the magazine Casabella. Today, free from the ideological burden that had been dictated to them, they almost appear as an ironical post-modern citation. Together, the buildings and the piazza are indeed different to the contest's winning designs. It actually emerges from a type of layered design resulting in the typical prevailing monumental style of Eur. In the 1950s the idea of allocating the building as offices for the "Institute for the Safeguard and Enhancement of Italy's Historical Memory as a Unified State". Later, in the 1960s, the Central Public Records Office was instead moved there.

In 1942 the Historical Records of the Fair were moved, and in the 1990s the interiors of the complex were renovated by architect Giulio Savio with the aim to adapt the Library's Reading Hall, the Conference Hall and other ancillary areas to the demands of functionality deriving from the facility's public use. The Public Records Office enjoys the holiness of a place where the grounds of our community, of our controversial history, of a vision based upon the legacy of the past may be recognized in the major and minor documents which are kept there. Nevertheless the complex currently housing the Office seems to be a remarkable architectural gesture, rather than a site where the key Institution of a Country, based upon a Constitution nourishing universalistic ambitions, may be adequately housed. This building, a controversial combination of historical citations and modern spaces, appears to be suitable for the provisional reconstruction stage of a collective memory, of a community seeking its identity, capable to evoke its tracks, subsidence, transition to the current historical period, but perhaps no longer adequate to also represent its horizon.

Roma Nord
C.G.I.L. F.P.
SPI CGIL
Roma Nord
ingrande
LA SPESA DI FAMIGLIA
ingrande
ingrande
ingrande
in ortofrutta
freschezza e
risparmio
in macelleria
qualità
e convenienza
al tuo servizio!

CGIL Roma Nord
ZTE 中兴
RA
SPOS

DI CARLO
RIP..

CARIPARMA
CREDIT AGRICOLE
CARIPARMA

CARIPARMA
CREDIT AGRICOLE
CARIPARMA
CREDIT AGRICOLE
CARIPARMA
CREDIT AGRICOLE
HOTEL

ARCHIVIO CENT

DELLO STATO

4

monumenti | monuments

arte contemporanea | contemporary art
parco della musica | the park of music
un grande magazzino | a department store
antico nel moderno | old in new
gravità e leggerezza | gravity and levity
monumentalismo | monumentalism
archetipi sacri | holy archetypes
moderno a san lorenzo | a modern san lorenzo
museo | museum

arte contemporanea

Per la creatività della soluzione architettonica, ma soprattutto per la capacità d'integrazione nel tessuto cittadino, che attinge orientamento e fisionomia dal contesto del quartiere Flaminio, il Centro per le arti contemporanee progettato dall'irachena Zaha Hadid più che un semplice edificio si presenta come un vero e proprio" innesto urbano". Lungi dal porsi come una frattura, riprende l'altezza dalle preesistenti caserme e riconnette via Guido Reni con via Masaccio e via Poletti e Piazza Mancini con un percorso pedonale esterno sotto i volumi in aggetto della costruzione. Rifiutando la "bianca neutralità" di tanti musei del XX secolo la progettista aspira ad avvicinarsi alla polivalente densità del XXI secolo, proponendo attraverso un organismo flessibile e poroso un confronto critico tra architettura e categorie estetiche contemporanee. La parete si emancipa da semplice supporto per le opere per divenire "motore versatile della messa in scena dell'allestimento artistico". Si trasforma in pavimento, si torce in soffitto o si svuota per ospitare una grande finestra per guardare fuori in un'inarrestabile fluidità architettonica. Una serie di partizioni a scomparsa possono scendere dalle nervature in copertura. E sono proprio quest'ultime a rimarcare la linearità già veicolata dalle pareti parallele. E' peraltro una copertura ad alta tecnologia quella del MAXXI, che integra elementi di serramento, apparecchi per l'illuminazione artificiale, meccanismi per il contenimento del calore da irraggiamento solare e griglie metalliche esterne per il controllo dell'illuminazione naturale, percorribili come passerelle a fini manutentivi.

Se il vetro primeggia in copertura, è tuttavia il cemento, autocompattante nelle lisce pareti perimetrali e fibro-rinforzato nelle leggere lame di copertura, il vero protagonista di quest'opera, punteggiato nei collegamenti dall'acciaio. Completata alla fine del 2009, l'opera di Zaha Hadid è in un certo senso anche una megascultura in cemento armato esposta all'aperto, un opera d'arte contemporanea esplorabile all'interno, indipendente dall'attività culturale e di esposizione che certamente sta vivificando questo edificio imponente ed originale.

contemporary art

This Contemporary Arts Centre, designed by the Iraqi Zaha Hadid, appears as a real "urban implant" due to the creativity of its architectural design, and, moreover, because of its ability to fit into the urban concept by obtaining its orientation and features from the Flaminio area. Far from splintering from the urban structure it adopts the height of the pre-existing barracks and reconnects Via Guido Reni with Via Masaccio, Via Poletti and Piazza Mancini, by an external pedestrian route running along the overhangs of the building.

By rejecting the "white neutrality" of so many Twentieth Century museums, the designer aims at approaching the multiple intensity of the XXI Century by putting forward a critical comparison between architecture and contemporary design categories, by means of a flexible and porous form. Walls go beyond their role of simple support for the art works and become "a versatile engine for staging the art exhibition". They turn into floors, twist into ceilings or hollow out to fit a large window with an outside view, in a relentless architectural fluidity. A number of retractable partitions may be lowered from the ribs in the roof. These mark the linear trend already suggested by the parallel walls. The roof covering the MAXXI (XXI century Modern Art) is also a high-tech element, combining parts of the windows with light fixtures, solar heat mechanisms and external sunlight-controlling grates that can be walked over as maintenance walkways.

Even though glass is the main player in the roofing, concrete plays the leading role in this work. It is self-compacting in the smooth boundary walls and fibre-reinforced in the light roofing sheets, punctuated in the joints by steel. This complex by Zaha Hadid was completed at the end of 2009. In a way it is also a giant concrete sculpture which is displayed outdoors. It is a contemporary work of art which may be visited inside, regardless of the cultural events and exhibitions which are indeed enlivening to enliven this imposing and original building.

parco della musica

Il completamento del Parco della Musica nel 2003 ha risarcito finalmente Roma di un'attesa durata sin dal 1936, quando venne smontato l'Auditorium dai ruderi del Mausoleo d'Augusto. Lunga è stata la gestazione del cantiere che ha visto subito affiorare i resti di una villa romana del VI secolo a.C.. Il progetto di Renzo Piano si è così arricchito di un'area archeologica e di un museo, ampliando (e forse banalizzando) l'angolo tra gli assi delle tre sale. Cuore dell'intervento è comunque rimasta la cavea, al tempo stesso teatro all'aperto e piazza urbana. Interamente pavimentata in travertino, immette al di sotto delle gradonate al foyer, percorso anulare da cui si gemmano tutti gli spazi. Questo non è però solo un luogo di transito, ma anche un luogo da visitare per i numerosi allestimenti d'arte temporanei e per le venti citazioni al neon installate da Maurizio Nannucci sul tema del confronto fra le arti.

Sulla piastra dei servizi si ergono come strumenti musicali all'aria aperta le tre sale del complesso, "casse di violino appoggiate in una pausa di lavoro" le descrive Fulvio Irace. Sono rivestite di piombo in assonanza con le cupole dello skyline romano. La Sala Santa Cecilia ha per vocazione principale la musica sinfonica. Il palcoscenico è quasi centrale, circondato da posti a sedere sistemati "a vigneto", su balze a diversi livelli ispirate alla Filarmonica berlinese di Hans Scharoun. Il controsoffitto è formato da gusci in legno di ciliegio americano, che rivestendo anche platea e gallerie rende possibile l'effetto di cassa armonica. La Sala Giuseppe Sinopoli è la più flessibile nelle dimensioni del palco e nelle postazioni per il pubblico. Rivestita di mattoncini romani sabbiati, ha un tempo di riverberazione del suono che la rende ideale per la musica sinfonica da camera, per la danza e la musica contemporanea. La Sala Goffredo Petrassi si presta ai momenti più raccolti, alle conferenze, alle proiezioni cinematografiche e alle sperimentazioni musicali moderne. Tra i dieci più grandi complessi per la musica al mondo, il Parco della Musica è il luogo del dialogo tra architettura, musica, arte e natura.

the park of music

The construction of Parco della Musica came to an end in 2003, when the Auditorium resting over the ruins of Augusto's Mausoleum was dismantled, and Rome was finally compensated for waiting since 1936. The building development took a great length of time due to the early discovery of the remains of a VI Century b.c. Roman Villa. An archaeological site and a museum therefore enriched the complex designed by Renzo Piano, expanding (and perhaps reducing the value of) the angle formed by the (lengthwise) axes of the three halls. The Cavea nevertheless remains the heart of the project, it being an outdoor theatre and urban piazza in one. Entirely paved with Travertine, it leads to the foyer at the bottom of the graded slope, a circular route from which all the spaces originate. Yet this is not only a transit place but also a place to visit with its many temporary art exhibitions/displays and the twenty neon-written quotations by Maurizio Nannucci concerning the comparison between the arts.

The three halls in the complex rise from the service platform like musical instruments, "violin sound boxes laid down during a break" according to Fulvio Irace. The roofs are covered in led like the domes of the Roman skyline. The Sala Santa Cecilia is the hall dedicated mostly to symphonic music. The stage is positioned almost at the centre of the hall, surrounded by seats arranged on terraces at different levels in "vineyard-style", with inspiration being drawn from Hans Scharoun's Berlin Philarmoniker. The drop ceiling consists of shells made of American Cherry wood. These also cover the vertical surfaces of the stalls and the circle balconies, making possible the effect of a sound box. The Sala Giuseppe Sinopoli is the most flexible in terms of stage dimensions and audience seating. It is covered in small sandblasted Roman bricks and the time taken for sound to echo makes it ideal for chamber symphony music, ballet and contemporary music. The Sala Goffredo Petrassi is suitable for the more intimate/quiet events, conferences, movie projections and modern music experimentation. Among the World's ten largest music facilities, the Parco della Musica is the place for dialogue between architecture, music, art and nature.

un grande
magazzino

La Rinascente di Piazza Fiume sorge in un punto nevralgico all'incrocio tra la via Salaria e Corso d'Italia. Ideata e costruita tra il 1957 e il 1961 da Franco Albini in collaborazione con Franca Helg si pone in continuità con i Magazzini Bocconi di Largo Chigi, dal 1917 divenuti La Rinascente, progettati 70 anni prima da Giulio De Angelis. Di questi riprende l'ossatura metallica esibita nelle piattaforme commerciali interne . Ma il desiderio poi di esibirla in facciata è frutto della cifra espressiva di Albini che ha liberato scale ed ascensori dal loro tradizionale ruolo d'irrigidimento, consentendo la loro libera disposizione lungo il perimetro dell'edificio e l'adozione di strutture metalliche, come quelle che innervano la spettacolare scala ellittica angolare, dai gradini in marmo rosso di Verona. I saloni di vendita risultano così quanto più ampi e sgombri possibile. Dieci piani in tutto, di cui solo il terminale, un piano d'uffici, è illuminato da finestre. Altrove domina la luce artificiale lasciando completamente liberi gli architetti di risolvere le facciate in un particolare rapporto tra struttura portante e pannelli di tamponamento. La disarticolazione tra le travi in aggetto ed i pilastri arretrati rende subito riconoscibile ogni componente strutturale. Il valore di modanatura dei marcapiani è accentuato da scossaline, architravi, canali per l'illuminazione, cassonetti delle tende del piano terreno, canali di gronda e rotaie per i carrelli di pulizia della facciata, elementi metallici che marcano l'edificio in orizzontale. A bilanciare verticalmente questi ultimi vi sono le ondulazioni crescenti dal basso verso l'alto dei pannelli di facciata, che accolgono le canalizzazioni dell'impianto di condizionamento, i pluviali e i condotti dell'impianto antincendio.

Nel Palazzo di piazza Fiume sono risolti in chiave moderna temi formali tipici della tradizione architettonica romana: il chiaroscuro e l'articolazione plastica. Per utilizzare le parole di Claudia Conforti e Roberto Dulio, Albini e la Helg raggiungono qui " un magico equilibrio tra tecnica, funzionalità commerciale, persuasività espressiva e figurazione urbana".

a department store

Piazza Fiume rises at a crucial point on the junction between Via Salaria and Corso d'Italia. It was designed by Franco Albini, together with Franca Helg and built between 1957 and 1961. It was established as a continuation of the Magazzini Bocconi at Largo Chigi, and it became La Rinascente in 1917, having been designed by Giulio De Angelis 70 years before. The metal frame, displayed in the internal sales areas, comes from the former building. The wish to also display it on the front comes from Albini's creative streak. He liberated the stairs and the lift of their usual stiffening role, by allowing them to be placed freely along the outside of the building and by using metal structures, like those which support the spectacular elliptical corner staircase with red Verona marble steps. The sales areas are thus as wide and clear as possible. There are ten floors in all, with only the top one, a suite of offices, illuminated by windows. Artificial light prevails elsewhere and the resulting solid boundary walls allow the architects to interpret them by establishing a special relationship between the load bearing structure and the infill panels. The disconnection between overhanging beams and the pillars which are set back, makes every structural component become immediately recognizable. The visual weight of the string courses used as mouldings is enhanced by flashings, lintels, lighting conduits, awning boxes at ground level, box gutters and rails supporting the sliding trolleys used to clean the front wall. They are all metal elements which mark the building's horizontal trend. Balancing them are the facade panels which form waves - their number increasing at each floor - and accommodate the air conditioning conduits, water pipes and fire-fighting conduits.
The Building at Piazza Fiume addresses formal issues, with a modern solution, that are typical of the Roman architectural tradition: the light and shadow effect and the plastic complexity. Quoting words by Claudia Conforti and Roberto Dulio: Here Albini and Helg achieve " a magical balance between technique, trading functionality, convincing power of expression and urban representation ".

antico nel moderno

"Non c'è luogo come Roma per percepire l'intensità di luce ed ombra", dice Richard Meier. Ed è la luce naturale l'elemento focale del disegno del Museo dell'Ara Pacis. La trasparenza e leggerezza dell'involucro permette ai visitatori d'inquadrare l'antico monumento nel suo "humus" urbano ed al tempo stesso ai passanti di percepirlo dall'esterno. Il Museo è letteralmente cresciuto intorno all'oggetto destinato a custodire affrancando l'area dalla sua immagine "piranesiana", per farne un polo d'attrazione nel cuore cittadino, un ponte tra antico e moderno.

Il nuovo complesso museale, che ricuce la quinta edilizia ad ovest del Tridente, si compone di tre parti principali, articolate secondo un equilibrio di pieni e vuoti lungo l'asse nord-sud: la galleria con i servizi d'accoglienza, il padiglione che custodisce l'Ara Pacis e la sala convegni su due livelli. Sopra la sala un locale per ristorazione ed un'ampia terrazza si affacciano sul Mausoleo d'Augusto. Unico elemento mantenuto della teca di Morpurgo è il lungo pannello con le RES GESTAE di Augusto, dai lati del quale si può accedere al vasto piano semi-interrato, ottenuto sfruttando il dislivello tra via di Ripetta ed il lungotevere. Qui accanto ad esposizioni d'arte contemporanea, confermando la vocazione del museo al dialogo tra antico e contemporaneo, si possono ammirare i frammenti non ricollocati nella ricomposizione dell'Ara Pacis del 1938, insieme a studi sui suoi colori originari di cui recentemente si è provato a ricostruire l'essenza attraverso giochi di luce virtuale. Il dialogo continua nei getti d'acqua, omaggio alle fontane romane storiche, che sgorgano da un muro di travertino forse troppo alto rispetto alla visuale delle vicine chiese barocche . Nel progetto era previsto anche un sottopasso del lungotevere con terrazza panoramica soprastante a ricucire l'area col fiume, primo passo dell'idea ambiziosa ma strategica di pedonalizzazione dei lungotevere del centro storico, dall'isola Tiberina al Flaminio, da trasformare in boulevard, tra cielo, verde, acqua e storia.

old in new

"There is no place like Rome to feel the intensity of light and shadow", says Richard Meyer. And natural light is the very focal point of the design of the Ara Pacis Museum. The transparency and lightness of the envelope allows visitors to view this ancient monument in its urban "humus" and passers-by to see it from the outside. The Museum literally grew around the object it intends to protect, liberating the area from its image of an etching by Piranesi and turning it into a centre of attraction in the heart of the city, a bridge between old and new.

The new museum complex, which restores the wings of building fronts on the West of the Tridente (the three roads which each diverge from Piazza del Popolo), consists of three main sections which have been composed by following the balance of voids and bulks along the North-South axis. The main sections are: the gallery with reception services, the pavilion guarding the Ara Pacis and the congress hall on two levels. A restaurant and a large terrace overlooking the Augustus Mausoleum are located above the hall. The only surviving element of the showcase designed by Morpurgo is the long panel with Emperor Augusto's RES GESTAE inscription. At each side of this there is access to the large basement which has been obtained by utilizing the difference in height between Via di Ripetta and the Lungotevere. This level hosts contemporary art exhibitions, confirming the museum's vocation for a dialogue between ancient and contemporary times, with fragments which were left after the 1938 Ara Pacis reconstruction, and may be admired together with the research material dealing with the monument's original colouring. The reconstructed essence of this colour was recently attempted with virtual light effects. The dialogue continues in the water jets, a tribute to the historic Roman fountains, spurting out of a Travertine wall, perhaps too high to permit the view of the nearby Baroque churches. As an addition, an underpass of the Lungotevere had been designed to pass under a panoramic terrace which was intended to restore the connection of the area with the river. The first step of an ambitious yet strategic plan to make the river banks of the historic city centre accessible to pedestrians from the Isola Tiberina to the Flaminio, as boulevards amongst the sky, vegetation, water and history.

gravità e leggerezza

Dopo anni di restauri alla fine degli anni novanta è stata inaugurata la sezione del Museo Nazionale Romano situata in Palazzo Altemps. Gli affreschi intonacati all'epoca della presenza del Seminario Spagnolo sono tornati alla luce e nelle sale sono stati collocati oltre 200 marmi pregiati, riproponendo il gusto antiquario dell'originario allestimento cinquecentesco. Nel cortile l'arch. Francesco Scoppola ha voluto tendere un velario bianco a coronamento delle facciate e del cornicione cinquecenteschi. Come i portici e i prospetti rinascimentali si richiamano agli ordini sovrapposti del Colosseo, così il velario riecheggia nei bordi ellittici l'ovale dell'anfiteatro. Senza essere invasivo o distruttivo delle componenti storiche, il velario nasconde alcuni volumi costruiti al di sopra del cornicione in epoche successive, protegge i colori della fontana con gli stemmi di famiglia dalla luce zenitale, difende le facciate restaurate dalla pioggia inquinata del centro di Roma e vi riflette di notte la luce proiettata sul suo lato inferiore riproducendo la direzione della luce naturale. Come osserva Italo Insolera, questo velario non è "un gratuito esercizio di un architetto moderno ansioso di lasciare il segno... bensì un intervento deciso che può aiutare la conoscenza e l'apprezzamento dell'antico".

Non altrettanti encomi ha ricevuto un altro velario romano. Nel 1987 il CONI incaricò un gruppo di architetti formato da A. Vitellozzi, M. Clerici, P. Teresi e A. Michetti di redigere un progetto guida per la ristrutturazione dello Stadio Olimpico in vista dei Mondiali di Calcio del 1990. La copertura in teflon e fibra di vetro, si sostiene su una trave anulare in acciaio poggiata su sedici piloni con un sistema radiale di funi e travi reticolari. La copertura dello Stadio Olimpico è bella vista dall'alto, bianca, stereometrica, incastonata nel verde della collina di Monte Mario, ma è incombente e minacciosa, invece, vista dal basso. Schiaccia i monumenti del Foro Italico, in particolare lo stadio dei Marmi e occulta la vista del verde collinare, interrompendo l'ideale corridoio biologico tra il Tevere e Monte Mario.

gravity and levity

After years of restoration work, the section of the Rome National Museum at Palazzo Altemps opened at the end of the 1990s. The frescoes which had been plastered-over during the Spanish Seminar occupancy are again visible and over 200 valuable marble sculptures populate the halls, returning an antiquarian flavour to the original Sixteenth Century collection. Architect Francesco Scoppola has designed a white vertical curtain which borders the courtyard and is placed on top of the Sixteenth Century walls and moulding. Just as the Renaissance facades and porticoes summon up the superimposed architectural orders of the Coliseum, the curtain echoes the oval shape of an amphitheatre with its elliptical edges. Without being intrusive or destroying the historic elements, the awning hides parts built above the moulding during later periods. It preserves the fountain's colours and its family coats of arms from sunlight pouring in vertically. It shelters the restored facades from the city's polluted rain and reflects the light projected at night time on its lower end, reproducing the direction of natural light. Italo Insolera observes that this curtain is not "a gratuitous experiment of a modern architect wishing to leave a mark...but a resolute action aiding the knowledge and evaluation of antiquity". Another fabric covering in Rome has not gained as much praise. In 1987 CONI, the Italian National Olympic Committee, appointed architects Vitellozzi, Clerici, Teresi and Michetti to draw up designs for the renovation of the Stadio Olimpico in preparation for the 1990 World Cup Football Championship. The teflon and glassfibre awning is supported by a steel ring beam resting on sixteen pylons and a radial system of ropes and trusses. The awning covering the stadium looks good if viewed from above: white, geometric, set in the green Monte Mario hill; it looks incumbent and menacing instead, if viewed from below. It flattens the Foro Italico monuments, in particular the Stadio dei Marmi, and hides the green hillside interrupting the perfect biological corridor linking the Tiber to Monte Mario.

monumentalismo

"...sulla piallata acropoli delle Tre Fontane i denari finora spesi in monumentalizzarono il vuoto... la spudorata esibizione di marmi, di graniti, di metalli e di strutture costosissime serve soltanto ad umiliare, avvilire e oltraggiare il vero e onesto carattere delle maggiori città italiane". Così Giuseppe Pagano sulla rivista Casabella contestava la progettazione del quartiere destinato ad ospitare l'Esposizione Universale Romana del 1942. Oggi molte di queste architetture sono le icone di un moderno classicismo romano con venature razionaliste, frutto di un compromesso tra le varie correnti architettoniche della prima metà del novecento. Il Palazzo della Civiltà Italiana riveste di travertino un cuore di vetro. Caratterizzato da una sequenza continua di archi su tutti e quattro i fronti, propone un'architettura scultorea dalle evocazioni metafisiche. Il Palazzo dei Ricevimenti e dei Congressi di Adalberto Libera stempera l'invito al monumentalismo proponendo la semplificazione delle colonne, stilizzate senza capitelli, sovrapponendo due volumi puri, un parallelepipedo ed un cubo, coronati da una leggera cupola a crociera. Ispirandosi ai Mercati Traianei, nel 1939 Giovanni Muzio concepì la monumentale Piazza delle due Esedre contrapposte affacciate sulla Via Cristoforo Colombo. Nel 1942 i lavori all'Eur si fermarono e nel dopoguerra i rocchi abbozzati degli edifici non conclusi richiamavano una monumentale immagine fantascientifica "tra il Foro romano e la Luna". Solo nel 1951 ebbe inizio la riconversione dell'area in un quartiere amministrativo e residenziale. Ma il vero rilancio si determinò coi Giochi Olimpici del 1960. Con l'idea di un fondale prospettico di grande effetto scenografico sull'asse della Colombo venne eretto il Palazzo dello Sport. Marcello Piacentini e Pierluigi Nervi collaborarono nel progettare quest'impianto per 16.000 persone. La sala è coperta da una cupola a calotta sferica. Statico nell'architettura ma flessibile nelle funzioni (può ospitare incontri di pugilato, pallacanestro, pallavolo, tennis, nonché concerti e congressi) è oggi uno dei simboli del monumentalismo romano del novecento.

monumentalism

"...upon the flattened acropolis of the Three Fountains, the money spent so far has turned the empty space into monuments...a shameless exhibition of marble, granite, metal and most expensive structures only goes to humiliate, degrade, and insult the true and honest character of major Italian cities". With these words, written for the magazine Casabella, Giuseppe Pagano disapproved of the design of the district intended to host the Esposizione Universale Romana of 1942.

Today, many of those architectural works are the icons of a modern Roman classicism with traces of rationalism, the outcome of a compromise between the various architectural trends of the first half of the Twentieth Century. The Palazzo della Civiltà Italiana covers a glass core with a Travertine sheath. It features a continuous sequence of arches on the four fronts, suggesting a sculptural type of architecture with its creation of metaphysical images. The Palazzo dei Ricevimenti e dei Congressi by Adalberto Libera mitigates the call for monumentalism with its proposal of simplifying the columns, designed without capitals, superimposing two perfect geometrical volumes; a parallelepiped and a cube, topped by a light cross-vault dome. Drawing inspiration from the Mercati Traianei, in 1939 Giovanni Muzio designed the monumental Piazza delle due Esedre, consisting of two half-circles facing each other across Via Cristoforo Colombo. The work at Eur stopped in 1942 and after the war the rough column stumps of the unfinished buildings recalled a monumental "science-fictional image between the Foro Romano and the moon" It was only in 1951 that the area was converted into an administrative and residential district. Yet its real revival took place with the 1960 Olympic Games. The Palazzo dello Sport was erected as a backdrop with a striking scenographic effect on the axis of Via Cristoforo Colombo. Marcello Piacentini and Pierluigi Nervi joined the design team working on this 16.000 seat facility. The hall is covered by a sphere-segment dome. Although the Palazzo is static in architectural terms, it is flexible in its use (it can host boxing, basketball, tennis matches, also concerts and conventions) and is one of the symbols of last century roman monumentalism.

archetipi sacri

Nel centro parrocchiale del Santo Volto di Gesù progettato con Nathalie Grenon ed Antonio Michetti, ultimato nel 2006 nel quartiere popolare della Magliana a Roma, Piero Sartogo sviluppa la sua originale elaborazione del linguaggio architettonico moderno. Scomposizione dell'immagine, dissonanze, asimmetrie, interpretazione delle funzioni in chiave urbana.

Il complesso è distinto volumetricamente in due parti separate generate dallo spazio vuoto del sagrato che si apre come uno squarcio improvviso verso il quartiere, una vera e propria piazza cittadina. Lo spazio esterno si immette nel volume destinato alle celebrazioni attraverso la grande finestra ogivale in vetro ed acciaio che sorregge la semicupola di ispirazione paleocristiana. Il rivestimento diverso di ogni parte dell'organismo, (cemento bianco, travertino e clinker colorati) chiarisce il meccanismo di assemblaggio delle forme archetipe con cui è costruito il complesso e la successione incalzante di pieni e vuoti. L'architettura religiosa in ogni tempo ha enfatizzato la forma come vera espressione del proprio messaggio. Sartogo dialoga con i segni della storia millenaria della Chiesa, con la contemporaneità molteplice e confusa, con il quotidiano ed il sociale. Nessuna vacuità gratuita, nessuna concessione a inclinazioni formali di moda, nessuna prevaricante idea di trascendente. Piuttosto l'imprevedibilità della luce, che si riflette nei rimandi tra interno ed esterno, deforma la percezione dei volumi socchiudendo alla vista scorci e prospettive inediti. Il linguaggio architettonico scorre tra evocazione e narrazione e cattura la città caotica ed evanescente che circonda la Chiesa nel suo spazio aperto, che è insieme civile e religioso. In questo progetto la mitologia dell'archetipo religioso si fa forma contemporanea, con una declinazione originale giocata sul filo del rapporto con la storia e con la città.

holy archetypes

In the centre of the Parish of Santo Volto di Gesù, in the Magliana council house district of Rome (which was designed by Nathalie Grenon and Antonio Michetti and completed in 2006) Piero Sartogo processed his original concept of modern architectural language. It is a breakdown of images, dissonance, asymmetry and a rendition of functions from an urban viewpoint.

The complex is divided - in terms of volumes - into two distinct parts, generated by the empty space of the courtyard which suddenly opens towards the outside neighbourhood like an urban piazza. The outdoor space enters the liturgical indoor space through a large glass and steel ogival window supporting the half-dome inspired by early Christian architecture. The use of a different type of cladding for each part of the complex, (white cement, Travertine and coloured clinker bricks) reveals the assembly process of the archetypal shapes used to create the complex and the firm sequence of solids and empty spaces. Religious architecture of every age has emphasized shape as the true expression of its message. Sartogo converses with the marks of the Church's millenarian history, with the many-sided and confused contemporariness, with everyday and social issues. No wanton emptiness, no concession to formal fashionable trends, no overwhelming notion of transcendence. Rather the unpredictability of light, reflecting in the rebounds from inside to outside, deforms the perception of the volumes by half-opening unusual perspectives and views. The architectural language flows between suggestion and description, capturing the chaotic and fading city which surrounds the Church, into its open space which is both lay and holy at the same time. In this design, the holy archetype mythology becomes a contemporary shape with an original inflexion which plays on the border of a relationship between history and the city.

moderno a san lorenzo

Nel cuore di San Lorenzo, nella maglia compatta di edifici popolari del primo novecento, spicca per "armonica dissonanza" l'ampliamento dell'Istituto per la neuropsichiatria infantile dell'Università La Sapienza. Il progetto è opera del "Gruppo Metamorph" costituito dagli architetti Marcello Pazzaglini, Alessandra Muntoni, Cina Conforto e Gabriele De Giorgi. Una ristrutturazione di un lotto minuto di questa parte di città con un volume articolato e formalmente impegnativo. Librato su esili colonne di metallo, l'edificio differenzia gli spazi aperti al pubblico, trattati con ampie vetrate, quelli destinati alle terapie psichiatriche, chiusi da paramenti esterni in graniglia di cemento e gli spazi distributivi, segnati da scale vetrate e corridoi illuminati da cupolini trasparenti. Il linguaggio rimanda al maestro inglese James Stirling, nelle sinuose traiettorie vetrate che percorrono sfalsate i vari piani del complesso e ad Alberto Samonà nella sospensione dei volumi. Una riuscita amalgama di forme autenticamente contemporanee in un contesto urbanistico fortemente identitario come quello di San Lorenzo. La trasformazione di un anonimo lotto in un raffinato pezzo di architettura destinato alla ricerca ed alle cure mediche ci propone un modo nuovo di trattare il tessuto cittadino preesistente che contraddice il luogo comune di una prassi architettonica romana generalmente conservatrice, subalterna al rapporto con il contesto. L'edificio del Gruppo Metamorph intende l'intervento in un tessuto storico non più legato alla fissità della città costruita, ma interessato alla sua trasformazione. Libera la forma conservando la memoria dei luoghi nei dettagli della costruzione. In questo senso l'edificio è ancora significativo di quello che è lo stato dell'architettura romana oggi. Rappresenta una prassi che non propone visioni utopiche ma non rinuncia a ricercare la trasformazione della città con il proprio codice autonomo e moderno, riuscendo a proporre uno scenario di futuro proprio, dal cuore del suo quartiere storico più popolare.

a modern san lorenzo

At the core of San Lorenzo, within the closely-knitted council housing fabric of the last century, the extension of the Institute of Child Neuropsychiatry, a department of the Università La Sapienza, stands out of the district because of its "harmonic dissonance". The design is the work of "Gruppo Metamorph" made up of architects Marcello Pazzaglini, Alessandra Muntoni, Cina Conforto and Gabriele De Giorgi. It is the renovation of a tiny land plot of this district by means of a complex, formally challenging frame. Hovering on slim metal pillars, the block is divided among spaces open to the public, characterized by large windows, psychiatric therapy rooms closed by solid panels, finished in cast stone and connection areas marked by glazed stairs and corridors lit by small transparent domes. The language used here recalls the work of the English master James Stirling, in the winding glazed patterns which are staggered across the building's floors, and that of Alberto Samonà in the suspended volumes. A successful mixture of authentic contemporary shapes with a strong identity of the urban context of San Lorenzo. The conversion of an unidentified land plot into a refined architectural work, devoted to research and medical care, suggests a new method of dealing with the pre-existing urban fabric. This contradicts the commonplace conservative Roman architectural practice, conditioned by the relationship with its context. The building, designed by the Gruppo Metamorph, views the project as part of a historical structure which is no longer tied to the stillness of the built city, but interested in its transformation. It unties the shape whilst preserving the memory of the places in the detail of the construction. In this respect the building is still significant of the current state of Roman architecture. It represents a method which does not suggest utopian ideas, yet it persists in seeking a change to the city, with its own independent and modern code, succeeding in setting a scene of the future from the very heart of its most working-class neighbourhood in the historical district.

museo

Il recupero con destinazione museale di edifici di archeologia industriale è un tema consueto nell'architettura contemporanea. L'esempio più eclatante è la Tate Gallery di Londra di Herzog e De Meuron o andando più indietro nel tempo, la Gare d'Orsay di Parigi dell'architetto italiano Gae Aulenti. Il caso ha voluto che fosse un architetto donna francese, Odile Decq, a progettare il completamento della riconversione dell'ex birrificio Peroni in museo di arte contemporanea del Comune di Roma, Il Macro. La nuova sezione, parte del già esistente museo comunale di arte contemponea di Via Reggio Emilia, si inserisce nella ristrutturazione della ex fabbrica Peroni. Nel cuore del pian terreno, nella penombra scura irrompe la struttura informale rosso lacca del nuovo auditorium che determina i vasti spazi espositivi al suo intorno. Passerelle sospese nel vuoto consentono la visione delle opere dall'alto, ma anche una vista zenitale della città attraverso le ampie vetrate soprastanti. Vista che si completa in sommità nella grande terrazza aperta ad abbracciare uno spicchio della migliore Roma umbertina. "Finalmente Roma ha deciso di diventare contemporanea" ha detto la progettista francese a proposito del suo museo e del MAXXI di Zaha Hadid. Affermazione solo in parte vera perché la capitale, seppur con una propria intonazione, ha nel tempo costruito una propria originale contemporaneità architettonica, forgiata dalle mille legittimazioni richieste a chi opera confrontandosi con le stratificazioni della storia di Roma, come "l'avventura – definizione della stessa Odile Decq – edificatoria del MACRO" testimonia.

museum

Converting former industrial facilities into museums is a recurring theme of contemporary architecture. The most resounding case is London's Tate Gallery by Herzog and De Meuron or, going backwards in time, the Gare d'Orsay in Paris by the Italian architect Gae Aulenti. As luck would have it, a French female architect, Odile Decq, completed the conversion design of the former Peroni beer brewery into a contemporary civic art museum in Rome: the Macro. The new section, part of the pre-existing civic museum of contemporary art at Via Reggio Emilia, fits into the renovated former Peroni brewery. At the core of the ground floor the unceremonious "lake red" frame of the new auditorium bursts from the semi-darkness, generating the layout of the vast exhibition areas surrounding it. Footbridges suspended in the air allow a view of the artworks from above, but also afford an elevated point of view of the city through the large windows above them. This view becomes complete at the top of the large terrace which opens to encompass part of the better Rome from the age of Umberto I. "Rome has finally resolved to become contemporary" remarked the French designer about her museum and the Maxxi by Zaha Hadid. It is not an entirely true statement since the capital has, over a period of time, and in a tone of its own, built its own original architectural contemporariness, modelled on the countless validation requests to those who work and deal with the many layers of the history of Rome, as can be seen in the building "enterprise" quoted by Odile Decq herself of the Macro.

laRinascente
la Rinascent
R

USCITA

AULE

5

identità | identity

- riconversioni | conversions
- città aperta | open city
- ponti moderni | modern bridges
- simboli ed esoterismo | symbols and esotericism
- memoria della storia | the memory of history
- nodi di scambio | connection points
- mobilità | mobility
- totem | totem
- chiese | churches

riconversioni

Città "mito installata nell'immaginario degli uomini" secondo Borges, nella quale "si può solo tornare anche se non vi si è mai stati", Roma è una città fatta di luoghi, non la sommatoria di "non luoghi" o di "luoghi senza identità", categorie tipiche, secondo il filosofo Bruce Begout di città contemporanee come Los Angeles che derivano la propria identità proprio dal processo continuo di trasformazione.

Apparentemente immutabile, Roma può tranquillamente continuare ad essere se stessa. Trasformarsi lentamente, quasi di nascosto, come sempre ha fatto nella sua lunga storia, aggiungendo un nuovo strato agli innumerevoli accumulati nel passato. Come nel processo di ristrutturazione dell'ex area industriale dell'Ostiense, che procede per tappe non appariscenti.

L'ex officina Alfa Romeo di via Ostiense è un complesso costituito da due nuclei distinti: Uno l'officina per la riparazione dei motori, costruita negli anni trenta; il secondo, l'ampliamento, che comprende gli uffici ed i saloni per i collaudi e le esposizioni, aggiunto all'inizio degli anni sessanta. Ovviamente diversi per struttura e stile, hanno costituito un originale complesso di architettura industriale proprio per una sorta di riuscito dualismo. L'ampliamento è la parte più interessante del complesso. In particolare, la doppia sezione circolare in testata realizzata direttamente sugli schizzi prospettici dell'architetto Emilio Isotta, è il luogo più rappresentativo con l'immagine dinamica dei volumi circolari sfalsati che si rincorrono lungo l'angolo viario che connette via Ostiense a viale Marconi. Il progetto di riuso come sede della Facoltà di Lettere e Filosofia dell'Università Roma Tre, coordinato dall'Arch. Vieri Quilici, ha riaccorpato i due nuclei riutilizzando completamente la cubatura dell'ex officina, totalmente ricostruita in acciaio sul vecchio modello. Gli spazi didattici si concentrano in questo settore, mentre nel nucleo degli anni sessanta sono destinate l'Aula Magna, gli uffici, i dipartimenti e una grande aula semicircolare per le attività del Dams.

La ristrutturazione di questo storico complesso è un modello virtuoso da seguire.

conversions

A mythical "city established in the imagination of men" according to Borges, to which "one can only return, even if he has never been there before". Rome is a city made up of places. According to philosopher Bruce Begout it is not the summing up of "non places" or of "places without an identity", (typical categories of modern cities like Los Angeles) which obtain their identity precisely from a continuous transformation process. Seemingly unchangeable, Rome can have no qualms over continuing to be itself. It makes slow, almost hidden, changes as it always has, throughout its long history, by adding another layer to those amassed in the past. Like the renovation process of the former industrial area at the Ostiense, which progresses in inconspicuous stages.

The former Alfa Romeo workshop at via Ostiense is a complex which consists of two distinct parts. The first is the engine repair shop, built in the Thirties; the other is an extension, built in the early 1960s, which includes offices, test areas and show-rooms. They are obviously different in terms of structure and architectural style. They have become an original industrial architectural development, precisely because of a successful type of dualism. The most interesting part is the extension. In particular, the double drum, built directly from the perspective views sketched by architect Emilio Isotta, is the most characteristic, with a dynamic image of two staggered circular volumes following one another on the corner of the road which connects Via Ostiense to Viale Marconi. The conversion design of the University Roma 3 Humanities Faculty building, coordinated by architect Vieri Quilici, has brought the two parts together again by making use of the former workshop space, rebuilding it entirely in steel as a copy of the previous one. The teaching areas are all grouped here, whilst the Aula Magna, offices, departments and a large semi-circular hall reserved for faculty activities are in the part added in the 1960s.

The conversion of this historical complex is a brilliant example to follow.

città aperta

Tema centrale della Grande Moschea di Roma, concepita e realizzata tra il 1974 ed il 1995 su progetto di Paolo Portoghesi insieme a Vittorio Gigliotti e Sami Moussawi, è quello dell'ascolto. Innanzitutto del luogo fisico, da due colline ai margini dell'area golenale del Tevere, ma anche del luogo antropologico. Roma influenza la Moschea coi suoi colori nel piombo delle cupole, nel travertino, nel peperino, nei mattoni color paglierino. Naturalmente forte è il campo magnetico esercitato dalla Ka-ba, verso cui tutti gli edifici di culto islamico sono orientati, ma è un'architettura plasmata dall'ascolto di due civiltà architettoniche. Un dialogo in cui le parole sono i materiali da costruzione e i concetti sono le forme archetipe comuni ad entrambe le civiltà, come quelle simboliche del quadrato e del cerchio, immagini della terra, del cielo e della perfezione divina. Lo schema morfologico della Moschea è basato su una sala rettangolare connessa con uno spazio a corte. All'interno è ricavata la sala quadrata della preghiera sormontata dalla cupola centrale. Attraversata dalla luce, sospesa su sinuosi sostegni di cemento esaltati nella loro leggerezza, la copertura pare levitare sollevandosi priva di peso dal suo basamento perveniamo così "all'ascolto della luce". E' l'incontro della tensione e della preghiera dell'uomo verso la divinità. "Dio è la luce dei cieli e della terra… E' luce su luce", ci dice il Corano nella Sura della Luce. La smaterializzazione è evidente anche negli archi intrecciati che si sviluppano dai pilastri a stelo che combinano l'immagine della palma, albero sacro all'Islam, con quella delle mani congiunte in preghiera. Dilatandosi verso l'alto alludono a vegetali che crescono e si orientano verso la luce. La cultura islamica e quella italiana si rincontrano nei cerchi concentrici delle cupole, evocazione dei sette cieli citati nel Corano e ripresi da Dante nella sua Commedia, simbolo della libertà di culto che Roma città aperta, riconosce come suo fondamento.

open city

The Great Mosque in Rome was planned and built between 1974 and 1995 from the design by Paolo Portoghesi, together with Vittorio Gigliotti and Sami Moussawi. Its central theme is one of listening. First of all to the place where it is located: two hills at the edge of the Tiber's flood plain, but also to the anthropological place. Rome influences the Mosque with its colours in the lead domes, the Travertine, the Peperino and the pale yellow bricks. The magnetic field generated by the Ka-ba, towards which all Islamic places of worship are pointed, is naturally strong, yet this is an architecture modelled by listening to two architectural civilizations. It is a dialogue with words used as building materials and concepts which are the archetypal shapes common to both civilizations, such as squares and circles, symbolizing the images of Earth, Heaven and divine perfection. The layout of the mosque is based upon a rectangular hall with an adjoining courtyard. The Prayer Hall is square and set in the rectangle, topped by the central dome. The roof is permeated by light, suspended upon twisted concrete supports, enhanced by their suppleness, and it appears to levitate, lifting itself without weight from its base. We thus come to listen to the light. It is an encounter between man's prayer and his wish to reach God. The Koran, in its Sura on Light, states: "God is the light of Heaven and Earth...He is light upon light". De-materialization as an objective is also evident in the entwined arches which develop from the stem pillars and combine the image of the Palm, the sacred tree of Islam, with that of the hands joined in prayer. By expanding as they rise, they symbolize plants growing and steering toward the light.

The two cultures of Islam and Italy are found once more in the concentric circles of the domes, bringing to mind the seven heavens mentioned in the Koran and quoted by Dante in his Commedia. A symbol of the freedom of religion acknowledged by Rome Open City as its foundation.

ponti moderni

Il Tevere divide Roma con le sue anse sinuose ed i suoi argini profondi, ma i numerosi ponti storici ne hanno unito, nel tempo, indissolubilmente le parti. Tuttavia oggi il fiume sembra essere percepito come una barriera. Prima i muraglioni, costruiti tra il 1877 e gli anni '30 per arginare le piene, poi i viali lungo gli argini invasi da un traffico caotico hanno accentuato questa percezione di separazione, che oggi si vuole superare restituendo centralità al fiume: soprattutto attraverso la rivalutazione dei ponti novecenteschi, vissuti all'ombra dei ponti storici, ma ora riscoperti come assai significativi.

Facendosi largo tra seducenti studentesse e muscolosi giovanotti impegnati a incatenare promesse d'amore ai lampioni dell'eterno Ponte Milvio si possono ammirare soprattutto nella luce del tramonto: a sud, il ponte Duca D'Aosta, di Vincenzo Fasolo, lucente di lastre di travertino che rivestono la slanciata arcata principale a sesto ribassato e le due arcate minori; ed a nord, il ponte delle Aquile di Armando Brasini, onirico, carico di marmi bianchi ed estetizzato dai lucernari librati a grande altezza, ma ci sono anche ponti non tradizionali; minori, come il ponte di servizio dell'ACEA a Saxa Rubra, in metallo, vitalizzato dalle sinuose passerelle pedonali laterali, o importanti come il viadotto dell'autostrada di Fiumicino realizzato tra il 1964 ed il 1967 su progetto di Riccardo Morandi. Un ponte autostradale che non scavalca il Tevere, ma lo fiancheggia costeggiando un ansa alla Magliana con una soluzione ardita in cemento armato, che sopporta le tensioni di una struttura curvilinea sospesa per oltre centocinquanta metri di luce.

Di un nuovo ponte è stato inaugurato: il "ponte della Musica": che congiunge il quartiere Flaminio alle pendici di Monte Mario. E' costituito da un impalcato sorretto da due archi ribassati in acciaio poggianti su piedritti in cemento armato. Forse un immagine non originalissima ma certamente suggestiva, presenta una corsia centrale per il trasporto pubblico e raccorda con la pista ciclabile alla quota del fiume. Altri due sono in gestazione. Il primo: Il "ponte della Scienza" all'Ostiense collegherà sotto le strutture metafisiche del gazometro, due aree industriali, ciascuna con la sua storia, che il gruppo di progettisti ha voluto rispettare, proponendo materiali e sistemi strutturali diversi per le due sponde; l'altro, assai più ardito, è in previsione all'Eur: il ponte dei Congressi. Un'allaccio veicolare, ciclabile e pedonale con una campata ad arco unico in acciaio con una travatura metallica retta da tiranti a scavalcare alto il fiume.

modern bridges

The Tiber divides Rome with its winding loops and deep embankments, but the various historic bridges have, over time, permanently united each side. Nevertheless the river seems today to be viewed as a barrier. First the high walls, built between 1877 and the Thirties to stem floods, then the riverside avenues invaded by chaotic traffic. Both have increased the sense of separation that nowadays there is a wish to overcome by returning a central role to the river. Above all by recognizing the value of the Twentieth Century bridges which have always been shadowed by the historic ones, but are now re-discovered to be very important.

 By elbowing your way among seductive young girls and muscular young men who are busy chaining love pledges to the lamp posts on the eternal Ponte Milvio, especially at dusk, looking towards the South, one can admire the Ponte Duca d'Aosta by Vincenzo Fasolo. This tall monumental, consisting of a single main flat arch, flanked by two minor arches, is cladded in gleaming Travertine. Looking to the North you can view the ponte delle Aquile by Armando Brasini. It is metaphysical, covered with white marble and decorated with lanterns which hover at great heights. Yet there are also non traditional bridges. Lesser ones, such as the ACEA service bridge at Saxa Rubra, built in metal with sinuous side footbridges, or important ones, such as the Fiumicino motorway viaduct, built between 1964 and 1967 and designed by Riccardo Morandi. It is a motorway bridge which does not run across the Tiber, but flanks it, running along a loop of the Magliana, adopting a bold solution of using reinforced concrete to supporting the loads of the curved structure suspended on a span of over one hundred and fifty metres. The new bridge "ponte della Musica" has been inaugurated. It links the Flaminio neighbourhood with the foot of Monte Mario. It consists of a platform supported by two steel sectional arches, resting on reinforced concrete pedestals. Perhaps it will not be a particularly original image, but it will certainly be a striking one. There is a central lane reserved for public transport and links to the cycle lane along the river bank. Two more are in the process of being designed; the first being the "ponte della Scienza" at Ostiense. It will connect two industrial areas, each with its own history, which the design team has respected by proposing different materials and structural systems for each side. The second, The ponte dei Congressi, is to be built at Eur and will be much more bold. It will be a vehicular, pedestrian and cycle link with a single, steel arch span and a metal girder supported by tie-beams running high over the river.

simboli ed esoterismo

L'esoterismo può significativamente aiutare a penetrare l'architettura di Gino Coppedè, artefice di un quartiere a Roma che porta il suo nome e che è divenuto nel tempo sinonimo di uno stile. La caratteristica dello stile Coppedè è l'assemblaggio delle forme più svariate, animate da una vena decorativa che combina metafore, simboli, allegorie, richiami mitologici, uniti tra loro da logiche imperscrutabili. Nella sua opposizione alla retorica architettonica umbertina Gino Coppedè immagina il suo quartiere come un vero e proprio viaggio iniziatico attraverso spazi simbolici costruiti su figure ancestrali: "ponte tra l'arte edificatoria degli antichi e quella dei moderni, metafora di un "insegnamento tradizione" trasmesso attraverso la concezione esoterica del costruire". Nell'esoterismo l'architettura rimanda ad un'idea mistica, discesa direttamente dalla volontà del Grande Architetto dell'Universo. La leggenda della costruzione inizia con Adamo, primo edificatore di edifici cui subentra Caino, fondatore di città e soprattutto la figura simbolica di Re Salomone capostipite dei grandi costruttori e patrono dell'ordine architettonico. Le "fabbriche meravigliose del mondo antico", le sette meraviglie del mondo a partire dalle Piramidi d'Egitto sono i veri archetipi, che divengono mito con la loro distruzione e trasmutano nella storia come modello per infinite variazioni sul tema, come la cattedrale che è il simbolo storico eccellente nell'architettura occidentale: la perfetta fusione di pensiero e costruzione, di filosofia e prassi, di arte e scienza. "ARS SINE SCIENTIA NIHIL EST" si sentenziava nel Quattrocento. Scienza connessa con la metafisica, rinvio ad una tradizione esoterica che come un fiume carsico si immerge e riaffiora nella storia con il suo carico di simboli, che via via riemerge in monumenti come Sant'Ivo alla Sapienza di Francesco Borromini che può essere interpretato come una testimonianza di spiritualità esoterica del Seicento o il novecentesco Palazzo della Civiltà Italiana all'Eur di Romano Guerrieri ed Ernesto La Padula che si impone dal punto di vista simbolico ed evocativo per i suoi richiami ad archetipi costruttivi e, appunto, il quartiere Coppedè.

symbols and esotericism

The obscure may well be the key to understanding the architectural work of Gino Coppedè, creator of a neighbourhood in Rome named after him, which over time became a synonym of a style. Coppedè's distinctive trait is an assembly of the most assorted of shapes, enlivened by a decorative streak which combines metaphors, symbols, allegories, mythological suggestions, all bound together by obscure reasoning. By opposing the architectural rhetoric of the age of King Umberto I, Gino Coppedè imagines his neighbourhood to be a truly obscure journey through symbolical spaces built on ancestral characters, "a bridge between the constructional art of an ancient populace and that of the modern nation, a metaphor of a teaching tradition conveyed through the concept of the obscure in building".

In esotericism, architecture evokes a mystical concept emanating directly from the will of the Great Architect of the Universe.

The construction legend commenced with Adam, the first to erect buildings, followed by Cain, founder of cities and, in particular, the symbolical character of King Solomon, ancestor of the great constructors and patron of the Architectural Order. The "wonderful edifices of the ancient world", the seven wonders of the world, starting with the Pyramids of Egypt, are the true archetypes which become myths after their destruction. They are transformed into history as models for endless variations of a theme, such as the cathedral, which is the excellent historical symbol of Western architecture. The perfect combination of concept and construction, philosophy and action, art and science. "Ars sine scientia nihil est" was the rule of the Fifteenth Century. Science was bound to metaphysics, it referred to an esoteric tradition which sinks and resurfaces in history like an underground river with its load of symbols gradually appearing in monuments like Sant' Ivo alla Sapienza by Francesco Borromini, which may be interpreted as the evidence of esoteric spirituality of the Seventeenth Century, or Palazzo della Civiltà Italiana, built in the last Century at Eur by Romano, Guerrieri and La Padula which commands attention for its symbolical and evocative archetypal constructive elements and, in particular, the Coppedè.

memoria della storia

"Pur nel mio immenso strazio, sono ogni volta colpita dalla calma maestà del luogo… uno spettacolo così solenne che sovrappone al macabro ricordo della tragedia, un senso grandioso e sublime che è unico. Io vorrei che quel luogo rimanesse il più intatto possibile", ed il bando del concorso per la costruzione di un mausoleo in memoria dei martiri delle Fosse Ardeatine fu in piena sintonia con queste parole, invitando a "modificare quanto meno possibile le caratteristiche dell'ambiente… per rispettare i sentimenti che i luoghi ispirano". Fu il primo Concorso d'architettura dell'Italia liberata. Vinse un progetto semplice, lontano da concessioni scenografiche e magniloquenti, capace di sintesi, tra l'iperantico fronte delle cave in opus-incertum e l'ipermoderno grande masso librato nello spazio. Un percorso continuo collega il luogo dell'eccidio a quello della sepoltura sotto l'immensa lapide tombale del monolite. Ci troviamo di fronte ad un percorso che è un racconto scandito dalla luce e dall'ombra. All'ingresso della galleria piombiamo nel buio, ci muoviamo quindi nella penombra squarciata dalla pioggia di luce provenienti dai lucernari dei luoghi delle esplosioni disposte per ostruire l'accesso al luogo; giungiamo infine al luogo della sepoltura, incombente, ma imprevedibilmente flottante sulla luce proveniente dall'orizzonte. Dà un senso di pienezza questa lastra, ma in verità è cava. Pare volare ma è ben appoggiata a sei elementi puntiformi. Sembra un prisma perfetto ma ha l'intradosso curvato per correggere le deformazioni prospettiche e per accentuare la tensione della sua stereometria i progettisti Giuseppe Perugini, Mario Fiorentino e Nello Aprile hanno scelto per contrasto una forma irregolare per il museo a pianta ottagonale.

Ma questa sepoltura unitaria sarebbe incompleta senza l'apporto della scultura. Un vecchio, un giovane ed un ragazzo legati insieme per le mani dallo scalpello di Francesco Coccia, ci ricordano che nelle cave furono condotti uomini d'ogni condizione. E le forme bronzee aggrovigliate tra loro, rami che divengono membra nel monumentale rilievo a giorno di Mirko Basaldella esprimono un desiderio di pace e fratellanza.

the memory of history

"Notwithstanding my immense anguish, every time I am struck by the quiet splendour of the place...such an impressive sight which covers up the macabre recollection of the tragedy with a unique sense of magnificence and transcendence. I wish that place would stay as untouched as possible". And the competition notice for the design of a memorial crypt for the martyrs of the Fosse Ardeatine was in line with these words, inviting participants to "modify the nature of the site as little as possible...in order to respect the feelings that the place inspires". This was the first architectural contest of post-war Italy. The winning design was a simple one, far from scenographic concessions and ostentatious proposals, capable of combining the extremely old front of the caves built in opus-incertum with the extremely modern great stone hovering in space. An uninterrupted walk links the mass murder place with that of the burial, under the giant, monolithic tombstone. One stands before a walk which is a story, narrated by a sequence of lights and shadows. At the mouth of the tunnel one is thrust in to darkness, before moving in semi-darkness, broken by the light pouring from the skylights above the place where the explosions occurred which were intended to seal the place off. Eventually one reaches the burial place, dominating yet unpredictably floating over the light from the horizon. This stone appears to be solid, but it is actually hollow. It seems to fly although it rests firmly on six pointed elements. And yet this communal grave would be incomplete without the contribution of sculpture. An old man, a young man and a boy, their hands tied together by the chisel of Francesco Coccia. They remind us that men in every condition were taken to the caves. And the entangled bronze figures, branches turning into limbs in the monumental outdoor relief by Mirko Basaldella, express a hope for peace and brotherhood.

nodi di scambio

Il progetto di un Sistema Direzionale Orientale prevedeva il prolungamento della linea B fino a Rebibbia, servendo così anche la Stazione Tiburtina. Il completamento della Linea dalla stazione Termini, avviato nel 1982, subisce un accellerazione coi Mondiali del 1990, ma le stazioni di Ponte Mammolo e Quintiliani rimangono chiuse rispettivamente fino al 1997 e fino al 2003 per il naufragio dello SDO. Restano come spesso accade in questa città, cattedrali nel deserto. Per la Stazione di Ponte Mammolo è comunque un'opportunità precedere l'urbanizzazione dell'area venendosi a definire nel tempo come un nodo cittadino importante all'intersezione tra la via Tiburtina e la Palmiro Togliatti, nuova bretella tra la Tiburtina e la Tuscolana, capolinea di bus urbani ed extraurbani, servito da tre ampli parcheggi per automobili. Anche la Stazione Laurentina è oggi uno strategico nodo d'interscambio tra ferro e gomma, capolinea di bus urbani ed extraurbani, servita da un capiente parcheggio multipiano e punto di riferimento per un crescente bacino d'utenza a sud del raccordo. Oggetto di una faraonica ristrutturazione sul finire degli anni '80, è divenuta sempre più un elemento di ricucitura urbana, coagulo nel tessuto periferico della Capitale. Luogo sociale d'incontro, colorato e degradato. Nel definire la realtà quadrimensionale delle stazioni della metropolitana i progettisti, architetti D. Parisio, M. Macciocchi, E. Nicolao e G. Ascarelli dello studio Transit sono partiti dalla condizione psicologica di chi è in movimento, marcando i percorsi con appelli visivi intensificati, essenziali e cromaticamente incisivi, con riferimenti alla città soprastante. Il cotto, il verde, il grigliato ed il colore, temi dominanti nel progetto, sono appunto da leggersi nella loro veste di filtro tra interno ed esterno. Evaristo Nicolao sottolinea il carattere di sequenza, l'intento di definire "invasi non da contemplare, ma da consumare rapidamente, spinti dagli inviti della segnaletica e del rumore da "slot machine" delle attrezzature della stazione".

connection points

The project for an Eastern Executive District called for the extension of Line B of the underground to Rebibbia, thus also reaching Tiburtina Station. Work commenced in 1982 at Termini station, gathering speed with the 1990 World Football Championships, but the Ponte Mammolo and Quintiliani stations remained closed until 1997 and 2003 respectively, due to the failure of the E.E.D., standing like cathedrals in the desert; a frequent occurrence in the city. The station at Ponte Mammolo was an opportunity to get ahead of the development of the area and, over time, to become a major urban junction between Via Tiburtina and Via Palmiro Togliatti, a new bypass between Via Tiburtina and Via Tuscolana, a bus terminal for inner and outer city routes, equipped with three large car parking areas. The Laurentina Station is also a strategic exchange hub between rail and road, a bus terminal for short and medium distance routes, equipped with a large multi-storey parking facility and forming the key location of an expanding pool of users South of the Great Ring Road. It was subjected to massive renovations at the end of the Eighties and it has increasingly become an element of urban re-connection, a lump in the Capital's suburban fabric. It is a colourful but dilapidated social meeting point. In defining the four-dimensional reality of metro stations the design architects D. Parisio, M. Macciocchi, E. Nicolao and G. Ascarelli of Transit studio started from the psychological condition of moving persons by marking the routes with intensified visual charm, essential and colour-sharp, recalling the city overhead. The red of the bricks, the green areas, the grille panels and the colours are the dominant themes of the design and, as such, they must be read as filters between interior and exterior. Evaristo Nicolao emphasizes the distinctive progression effect, the intent to design "not spaces to be studied, alas quickly consumed, pressed on by the incitement of the signs and the "slot machine" noise generated by the facilities at the station.

mobilità

In un lotto triangolare a pochi passi da Piazza San Giovanni venne costruito tra il 1956 ed il 1957 un edificio dalla duplice funzione di mercato ed autorimessa, conosciuto col nome di "Metronio". Caratterizza il tessuto urbano circostante con la riconoscibilità del suo profilo frastagliato, per le rampe sospese nel vuoto e per la pensilina a sbalzo su due snelle forcelle.

Meno imponente di tante altre opere di Riccardo Morandi, ne porta comunque la firma nella sua schietta corrispondenza tra funzione, rigore strutturale e forma. La disposizione obliqua dei posti auto al secondo e terzo livello genera i prospetti a denti di sega, mentre l'esigenza dettata dal Comune di render indipendenti il mercato dal parcheggio viene risolta con la doppia rampa a spirale. Alle due funzioni si accede così da due ingressi posti ad estremità opposte. Il mercato occupa il pian terreno e il mezzanino ed è illuminato da una corte interna coperta a lucernari continui.

Sono invece seicento i posti auto coperti dell'autorimessa, che prende luce dagli infissi nell'andamento frastagliato delle facciate. La rampa giunge fino in copertura attrezzata a parcheggio all'aperto. Ardito elemento strutturale, è sorretta a sbalzo da robuste travature spiraliformi centrali su radi montanti con un raggio medio di sette metri ed una pendenza costante.

Morandi dedicò una vita intera alle strutture in cemento armato, arrivando a presentare ben sette brevetti per la tensione dei cavi d'acciaio. Più volte accostato a Nervi, da lui differiva nel rifiuto di un equilibrio rassicurante, simmetrico e statico, lontano da qualsiasi inclinazione classica. Bruno Zevi arrivò a dire che le sue strutture sembrano "raggelate un momento prima del crollo". Forme scultoree e magico equilibrio di forze interagenti coagulate sono la cifra stilistica di questo piccolo ma geniale episodio architettonico che impreziosisce la nostra città. Dedicato alle automobili e agli automobilisti, in una città che mal tollera entrambi.

mobility

On a triangular plot close to Piazza San Giovanni a building known as the "Metronio" was erected between 1956 and 1957, with the dual functions of market and car park.

It typifies the surrounding cityscape with the familiarity of its indented outline, the suspended ramps and the awning overhanging over two slender forks shaped supports. It is not as commanding as other works}by Riccardo Morandi, however it bears his signature in the evident harmony between function, structural severity and shape. The herringbone layout of the parking places on the second and third floors look like views of teeth from a saw, whilst the Civic administration requirement of separating the market from the parking area is solved by using twin spiral ramps. It is therefore possible to access the two facilities from separate entrances located at opposite ends. The market is at ground and mezzanine level and receives natural light from an internal court covering a succession of skylights. There are six hundred indoor parking places in the garage, which acquires natural light from the windows set in the toothed front walls. The ramp reaches the terraced roof, set up as an outdoor car park. It is a bold structural feature supported by strong overhanging spiralling beams on widely-spaced posts, with a seven metre average radius and a constant slope. Morandi devoted his entire life to reinforced concrete structures, and registered at least seven patents for tensioning steel wire ropes. Although his name is often associated with that of Nervi, he differed from his fellow engineer by rejecting a reassuring symmetrical, static balance, far from any classical inflection.

Bruno Zevi wrote that his structures appear as if frozen the moment before they collapse. Sculptural shapes and a magical balance of combined, interacting forces, are the peculiar feature of this small yet brilliant architectural experience, adding lustre to our city. It is dedicated to cars and motorists in a city that barely tolerates both.

totem

Triste, solitario e verticale, cosí appare il Centro Idrico dell'Acea a Vigna Murata nella nebbiolina mattutina. In realtà il manufatto di acciaio si erge scintillante al sole come un avveniristico totem, che brilla anche di notte con il chiarore della luna, ultima sentinella della periferia a sud di Roma prima della campagna. Progettato da Francesco Palpacelli, allievo di Adalberto Libera, il centro idrico si contrappone all'anonimo contesto con un segno tecnologico e futurista, "dal fascino misterioso". Accurato nell'estetica, l'opera evidenzia tutti gli elementi strutturali ed impiantistici: la vasca a corona circolare posta a sessanta metri di altezza, la torre piezometrica alta ottantacinque metri visitabile in sommità e da cui si gode uno splendido panorama a trecentosessanta gradi, il pilone dei servizi che contiene scale ed ascensori e che sostiene la vasca di accumulo. Tecnologia idrica che si fa architettura e viceversa. Definito da Bruno Zevi come una nuova cattedrale, un altro centro idrico progettato da Palpacelli svetta come scultura urbana, questa volta in cemento armato, al limitare della periferia nord, alla Cecchina.

totem

"Gloomy, Lonely and Vertical" is how the Acea Water Tower at Vigna Murata appears in the morning mist. This steel construction rises, gleaming in the sun, like a futuristic totem which shines by night, when bathed by the moonlight. It is the last sentry of the Southern suburbs of Rome, before the countryside begins. The Water Tower was designed by Francesco Palpacelli, a pupil of Adalberto Libera. It contrasts with its the normal surroundings with a mark which is technological and futuristic, "mysteriously fascinating". Aesthetically accurate, this work demonstrates all the elements of its structure and systems: the ring-shaped tank, set at a height of sixty metres, the eighty five metre water tower (which is open to the public at the top and affords a splendid three hundred and sixty degree panoramic view), and the services' pylon which houses stairs and elevator and supports the storage tank. Hydraulic technology becomes architecture and vice versa. Another water tower, also designed by Palpacelli and defined as a new cathedral by Bruno Zevi, rises like an urban sculpture - this one in reinforced concrete - at the North suburban boundaries of Cecchina.

chiese

Il complesso parrocchiale del Quartaccio progettato da Claudia Clemente e Michele Molè, è una raffinata rivisitazione dell'iconografia chiesastica, con materiali, strutture e texture contemporanei, in qualche caso forse troppo inclini alle mode contingenti. Insediato ai margini di un quartiere di edilizia popolare caratterizzato dall'impianto urbanistico razionale e dalla semplicità degli edifici, ma tra i più difficili per composizione sociale degli abitanti, ne segnala le contraddizioni indicando percorsi architettonici e tipologici avanzati e complessi, che stridono con la marcata attenzione al genius loci del contesto residenziale. Il sito suggestivo, a strapiombo sulla valle che divide il quartiere da Primavalle, suggerisce rimandi paesaggistici e prospettive che costituiscono la matrice compositiva dell'intervento. La copertura a falda che echeggia antiche tipologie sacre è sorretta da sottili colonne metalliche e racchiude tra passerelle sopraelevate e una fitta rete di percorsi le funzioni liturgiche e quelle del centro parrocchiale. I materiali trasparenti e la disarticolazione dei volumi connette come un filtro il quartiere e gli spazi della chiesa che propongono nel proprio microcosmo una visione inedita dell'organismo sacro. Purtroppo non sempre compresa dai fedeli più legati alla iconografia più tradizionale a cui si richiamano invece le nuove chiese: San Carlo Borromeo a Tor Pagnotta di Antonio Monestiroli o la Parrocchia San Corbiniano di Umberto Riva all'Infernetto.

churches

The parochial complex at Quartaccio designed by Claudia Clemente and Michele Molè, is a refined re-visiting of the holy representation, with contemporary material, structures and texture, perhaps at times leaning excessively toward current trends. The complex is located at the edge of a council housing district which is distinguished by a rational urban layout and by the simplicity of the buildings. It is, however, most sensitive because of the social combination of its residents. It calls attention to the district's contradictions by bringing to mind advanced and complex architectural and typological approaches which contrast with the distinct attention for the genius loci of the residential context. The attractive site, perched on top of the valley dividing the district from Primavalle, refers to the landscape and perspective elements which form the base of the project's architectural composition. The slanted roof, evoking ancient holy typologies, is supported by lean metal columns and houses the liturgical functions of the parochial centre, among raised footbridges and a tight network of routes. The clear materials and the fragmented volumes connect, like a filter, the district to the interior of the church, offering an unusual view of the holy place from its micro-environment. This view, unfortunately, is seldom understood by worshippers who are tied to the more traditional image adopted by the new churches of San Carlo Borromeo at Tor Pagnotta, designed by Antonio Monestiroli, or the Parish of San Corbiniano designed by Umberto Riva at Infernetto.

BOICOTTA
ISRAELE
FREE
GAZA

Tabacchi
CINE BAR

La Fonte del Pane
Panettiere Latticini

Condotte S.p.A.
EUR S.p.

luigi filetici

Nasce a Roma. Dopo essersi laureato in Architettura presso l'Università "La Sapienza" di Roma e aver frequentato vari corsi di perfezionamento, si dedica all'attività professionale nell'ambito della fotografia e dell'architettura.

Negli anni '90 realizza una serie di ricerche fotografiche, *Architettura provinciale romana tardoantica e paleocristiana in Siria e nell'antica Arabia Petrea; La piramide di Caio Cestio; Piazza Augusto Imperatore a Roma; Il litorale di Anzio e gli edifici del primo Novecento; Architetture Engadinesi.*

In questi stessi anni inizia a collaborare con le principali riviste del settore, a lavorare con studi di architettura e design ed artisti e ad insegnare all'Università La Sapienza di Roma e al Politecnico di Milano.

La sua ricerca, che utilizza il bianco e nero come mezzo privilegiato per rappresentare le trasformazioni urbane e il paesaggio, si approfondisce negli anni successivi e lo conduce a realizzare importanti pubblicazioni e mostre.

Guida ai quartieri romani INA Casa, edizioni Gangemi, Roma 2002; *I mercati di Traiano,* edizioni Silvana Editoriale, Milano 2003; *MOCKBAXXI,* edizioni Actar, Barcellona 2005; *I Mercati di Traiano a Roma,* edizioni Gangemi, Roma 2006; Andrea Giunti, *architetture reali,* a cura di Luigi Filetici e Valentina Piscitelli, edizioni Skira, Milano 2007.

2001 *Infrastrutture e paesaggio: Il delta del Po,* Milano; 2002 *Città, architettura, edilizia pubblica.* 2002 *Il piano INA Casa 1949-1963,* MAXXI Museo nazionale delle arti del XXI secolo, Roma; 2003 *Forum Tevere Casa dell'Architettura, Roma; 2004 Roma verso il Mediterraneo, Ostia; 2005 MOCKBAXXI, La Triennale di Milano e Schusev State Museum of Architetture di Mosca.*

Tra il 2006 e il 2008 la mostra *I Mercati di Traiano viene* allestita nelle seguenti città: Bucarest, Belgrado, Cracovia, Varsavia, Colonia, Aarhus, Amburgo, Mosca, Ivanovo.

Born in Rome. After graduating in Architecture at "La Sapienza" University in Rome he completed several specialist courses before becoming a professional architect and architectural photographer.

Throughout the 1990s he completed the series of photographic studies: *Architettura provinciale romana tardoantica e paleocristiana in Siria e nell'antica Arabia Petrea; La piramide di Caio Cestio; Piazza Augusto Imperatore a Roma; Il litorale di Anzio e gli edifici del primo Novecento; Architetture Engadinesi.*

At the same time he began contributing to important journals in the field and with a number of architecture and design practices and with artists in addition to teaching at "La Sapienza" University in Rome and the Milan Politecnico.

Filetici has always preferred black and white to capture urban and environmental transformations. His work has appeared in several important publications and exhibitions. The publications include: *Guida ai quartieri romani INA Casa,* edizioni Gangemi, Roma 2002; *I mercati di Traiano,* edizioni Silvana Editoriale, Milano 2003; *MOCKBAXXI,* edizioni Actar, Barcellona 2005; *I Mercati di Traiano a Roma,* edizioni Gangemi, Roma 2006; *Andrea Giunti, architetture reali,* edited by Luigi Filetici and Valentina Piscitelli, edizioni Skira, Milano 2007.

The exhibitions in which his work has appeared include: 2001 *Infrastrutture e paesaggio: Il delta del Po,* Milano; 2002 *Città, architettura, edilizia pubblica.* 2002. *Il piano INA Casa 1949-1963,* MAXXI National Museum of the XXI Century Arts, Rome; 2003 *Forum Tevere* Casa dell'Architettura, Rome; 2004 *Roma verso il Mediterraneo,* Ostia; 2005 *MOCKBAXXI,* La Triennale di Milano and Schusev State Museum of Architetture, Moscow.

Between 2006 and 2008 the exhibition *I Mercati di Traiano* produced by the Foreign Affairs Ministry was shown in Bucharest, Belgrade, Krakow, Warshaw, Cologne, Aarhus, Hamburg, Moscow and Ivanovo.

andrea giunti

Nato a Vicenza nel 1953, si laurea con Ludovico Quaroni. Da subito intraprende l'attività di libero professionista aprendo nel 1983 lo studio "Andrea Giunti e associati". Contemporaneamente, come Presidente di nove cooperative edilizie, intraprende l'attività di costruttore riuscendo a fondere con equilibrio il pragmatismo del costruttore con le ambizioni dell'architetto. Svolge l'attività di progettazione prevalentemente a Roma realizzando complessi di edilizia residenziale pubblica, scolastica e per il terziario. Significativi sono anche alcuni interventi di restauro e di riqualificazione di spazi pubblici per il Comune di Roma. Tra le opere realizzate la Scuola media Caio Duilio ad Ostia, il Liceo scientifico Cannizzaro all'Eur, il restauro della Torre del Palazzo della Milizia di via Slataper a Roma, i complessi residenziali nei piani di zona Romanina, Tor Pagnotta, Pisana Vignaccia, Casali del Castellaccio, Lunghezza, Castel Verde, Osteria del Curato, Acilia Saline, Pian Saccoccia e Quartaccio. Nel 2004 ha fondato la rivista "Free", trimestrale di architettura che si occupa di temi attinenti la professione. E' autore insieme a Valentina Piscitelli e Alessandra Colonna del format televisivo "Vivere l'architettura" (www.fjfm.it), da gennaio 2008 la trasmissione va in onda sull'emittente televisiva Roma Uno e sul satellite SKY CH. 518, la transmissione propone un viaggio alla scoperta della qualità della Roma contemporanea che si svela attraverso il linguaggio delle forme, é stata segnalata al Premio Bruno Zevi per il contributo alla diffusione della cultura architettonica.

Born in Vicenza in 1953. Soon after graduating in Architecture under the supervision of Ludovico Quaroni, he starts his professional freelance practice in 1983 and founds the consultancy firm named "Andrea Giunti e associati". Simultaneously, in his capacity as chairman of nine building cooperatives, he begins his business as building contractor accomplishing a balanced blend of the builder's pragmatism and the architect's ambitions.
His consulting activity is mainly performed in Rome, where he designs educational, trade and social housing projects. Equally significant are a number of recovery and re-development projects of common spaces owned by the Municipality of Rome.
The junior-high school Caio Duilio ad Ostia, the high school Cannizzaro at the Eur district, the recovery of the Torre del Palazzo della Milizia at Via Slataper in Rome, the residential settlements within the Area Plans of Romanina, Tor Pagnotta, Pisana Vignaccia, Casali del Castellaccio, Lunghezza, Castel Verde, Osteria del Curato, Acilia Saline and Pian Saccoccia are some of the works built of his designs.
In 2004 he founds the magazine "Free", an architectural quarterly dealing with issues concerning this profession. He is the author, with Valentina Piscitelli and Alessandra Colonna of the TV format: "Vivere l'architettura" (www.fjfm.it). Since January 2008 the program, broadcasted by the stations of Roma Uno and on SKY CH. 518 satellite TV, offers a trip to discover the quality of contemporary Rome which is revealed through the language of shapes. The program has been nominated for the Bruno Zevi Prize for its contribution in spreading architectural culture.

indice dei nomi, degli architetti e dei luoghi
index of names, architects and places

indice delle fotografie
index of photographs

Corviale p.16

Corviale p.16

Tor Sapienza p.16

Pisana Vignaccia p.18

Prato Smeraldo p.20

Lungotevere delle Armi p.24

Via Giuseppe Montanelli p.24

Lungotevere di Pietra Papa p.26

Viale Bruno Buozzi p.24

Via Porto Azzurro, Fregene p.28

Via Copenaghen p.30

Via Durban p.30

Circovallazione Clodia p.30

piazzale Clodio p.30

Tor Pagnotta p.62

Tor Pagnotta p.62

Tor Pagnotta p.62

Eurosky Tower p.64

Eurosky Tower p.64

Parco Leonardo p.66

Tor Bella Monaca p.68

Tor Bella Monaca p.68

Acilia saline p.70

Lunghezza p.72

Ponte di Nona p.72

Via Don Tonino Bello p.72

Soratte Outlet p.74

Soratte Outlet p.74

Liceo Plauto p.76

Chiesa San Pio da Pietralcina p.78

Chiesa Dives in Misericordia p.78

Chiesa S.Maria Madre
del Redentore p.78

Via Campania p.118

piazza San Giovanni Battista
de la Salle p.118

piazzale del Caravaggio p.120

Municipio Fiumicino p.122

Palazzo delle Esposizioni p.124

Radisson Blu es Hotel p.126

Terminal Ostiense p.128

Facoltà di Giurisprudenza,
Università di Roma Tre p.132

Facoltà di Giurisprudenza,
Università di Roma Tre p.132

via Cola di Rienzo p.130

via Terenzio p.130

via Lucrezio p.130

Archivio Centrale dello Stato p.134

MAXXI Museo NAzionale
delle Arti del XXI Secolo p.164

MAXXI Museo NAzionale
delle Arti del XXI Secolo p.164

MAXXI Museo NAzionale
delle Arti del XXI Secolo p.164

Parco della Musica p.166

piazza Fiume p.168

Museo dell'Ara Pacis p.170

Museo dell'Ara Pacis p.170

Palazzo Altemps p.172

Palazzo dei Congressi p.174

Palazzo dei Congressi p.174

Palazzo dei Congressi p.174

Palazza della Civiltà Italiana p.228

Chiesa del Santo volto di Gesù p.176

Chiesa del Santo volto di Gesù p.176

Istituto di Neuropsichiatria infantile
dell'Università La Sapienza p.178

Istituto di Neuropsichiatria infantile
dell'Università La Sapienza p.178

MACRO
Museo d'Arte Contemporanea p.180

MACRO
Museo d'Arte Contemporanea p.180

MACRO
Museo d'Arte Contemporanea p.180

Viale Leonardo da Vinci p.222

Facoltà di Lettere e Filosofia
di Roma Tre p.222

Moschea p.224

Moschea p.224

Ponte della Musica p.226

Ponte della Scienza p.226

Cavalcaferrovia Ostiense p.226

Metro Laurentina p.232

Stazione Roma Tiburtina p.232

Parcheggio via Magna Grecia p.234

Mercato via Magna Grecia p.234

Centro Idrico Vigna Murata p.236

Chiesa San Carlo Borromeo p.238

Chiesa Santa Maria
della Presentazione p.78-238

Città dello sport

Città dello sport

Nuovo Centro Congressi

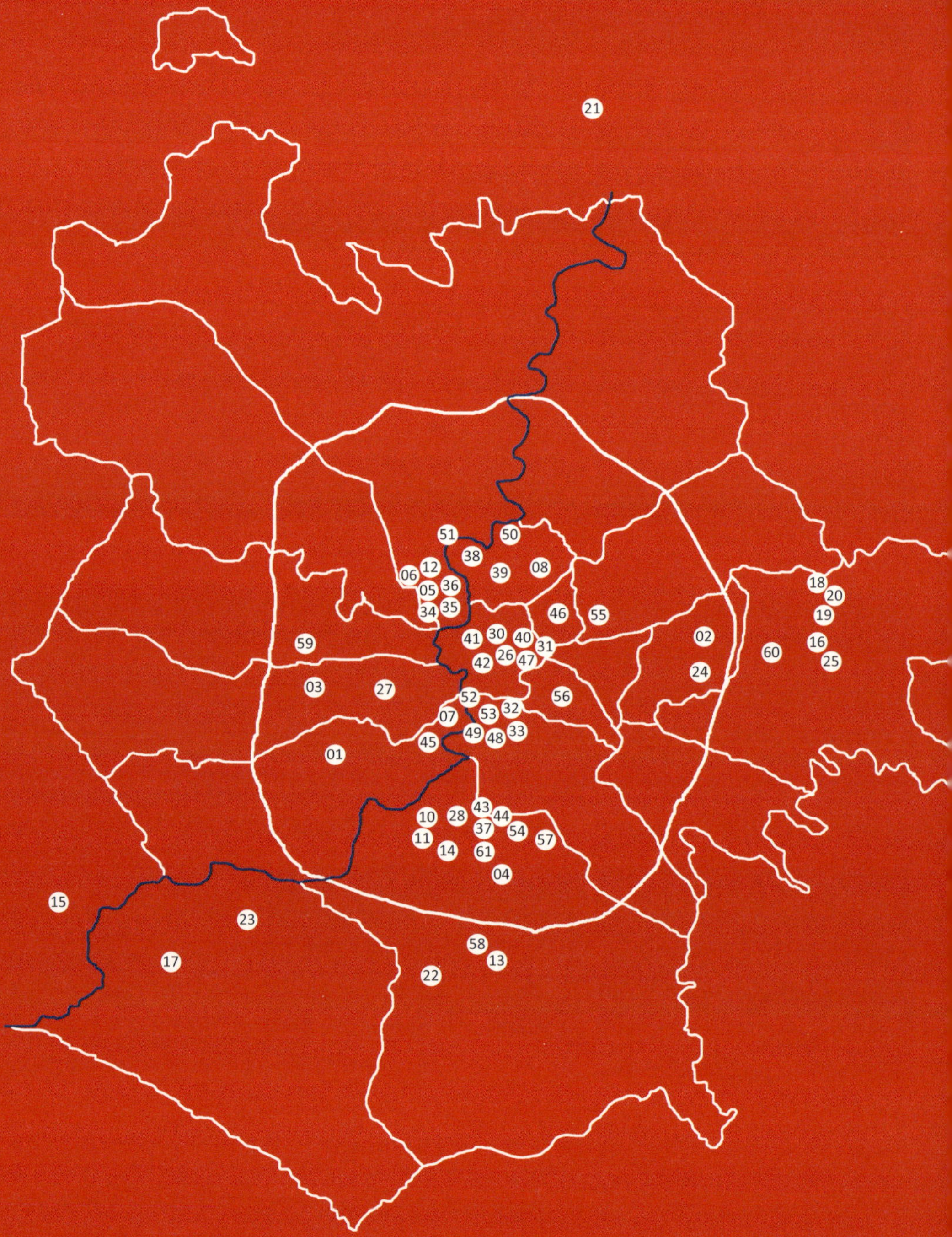

21
51
38
50
06 12
05 36 39 08
34 35
46 55
59 41 30 40
42 26 47 31 02
03 27 52 24
07 53 32 56
45 49 48 33
01
60
18 20
19
16 25
10 28 43 44
11 37 54 57
14 61
04
15
23
29 58 13
09 17 22

Roma vivere l'architettura
contemporanea |
Living in contemporary
architecture

a cura di | edited by
Luigi Filetici
Andrea Giunti

progetto editoriale | editorial project
Luigi Filetici

testi | texts
Andrea Giunti

fotografie | photographs
Luigi Filetici

traduzioni | translations
Julian Vertefeville
Vivienne Leonard

prodotto da | produced by
Fjfm Srl   www.Fjfm.It

revisione testi | editing
Stefania Pettinato
Valentina Piscitelli

grafica e produzione |
design and production
ActarBirkhäuserPro

distribuito da | distributed by
ActarBirkhäuserD
Barcelona–Basel–New York
www.actarbirkhauser-d.com

Roca i Batlle 2
E-08023 Barcelona
T +34 93 417 49 93
F +34 93 418 67 07
salesbarcelona@actarbirkhauser.com

Viaduktstrasse 42
CH-4051 Basel
T +41 61 5689 800
F +41 61 5689 899
salesbasel@actarbirkhauser.com

151 Grand Street, 5th floor
New York, NY 10013
T +1 212 966 2207
F +1 212 966 2214
salesnewyork@actarbirkhauser.com

ISBN: 978-84-934828-4-8
DL: B-30964-2011

Printed and bound in the EU

ringraziamenti

Si ringrazia Stefania Pettinato, ispiratrice dei testi, l'Emittente RomaUno, la Società di produzioni audiovisive FJFM, l'architetto Valentina Piscitelli per la collaborazione nella ricerca dei dati e della documentazione, tutti coloro che hanno partecipato e collaborato alla trasmissione "Vivere l'architettura" il cui palinsesto è stata la traccia principale per la costruzione del libro, in particolar modo si ringrazia inoltre l'architetto Marina Natoli per l'importante consulenza alla redazione della trasmissione televisiva "Vivere l'architettura".

acknowledgements

The author wishes to thank Stefania Pettinato, who inspired his own texts with her texts, the broadcasting station RomaUno, the audio-visual productions company FJFM, architect Valentina Piscitelli for participating in the collection of data and documents, all the partakers and co-workers of the program "Vivere l'architettura", whose contents have shaped the main plan for this book; special thanks to architect Marina Natoli for her significant consultancy in editing the TV program "Vivere l'architettura".